U0096684

古典文獻研究輯刊

二九編

潘美月・杜潔祥 主編

第 15 冊

平定西藏紀略
（清廷統一西藏史料輯錄二）（上）

蔡宗虎 輯註

國家圖書館出版品預行編目資料

平定西藏紀略（清廷統一西藏史料輯錄二）（上）／蔡宗虎
輯註 — 初版 — 新北市：花木蘭文化事業有限公司，2019〔
民 108〕
目 34+150 面；19×26 公分
（古典文獻研究輯刊 二九編；第 15 冊）
ISBN 978-986-485-954-2（精裝）
1. 史料 2. 清代 3. 西藏自治區
011.08   108012004

ISBN-978-986-485-954-2

9 789864 859542

古典文獻研究輯刊
二九編　第十五冊　　　　　　ISBN：978-986-485-954-2

平定西藏紀略
（清廷統一西藏史料輯錄二）（上）

輯 註 者　蔡宗虎
主　　編　潘美月　杜潔祥
總 編 輯　杜潔祥
副總編輯　楊嘉樂
編　　輯　許郁翎、王筑、張雅淋　美術編輯　陳逸婷
出　　版　花木蘭文化事業有限公司
發 行 人　高小娟
聯絡地址　235 新北市中和區中安街七二號十三樓
　　　　　電話：02-2923-1455／傳眞：02-2923-1452
網　　址　http://www.huamulan.tw 信箱 hml 810518@gmail.com
印　　刷　普羅文化出版廣告事業
初　　版　2019 年 9 月
全書字數　390635 字
定　　價　二九編 29 冊（精裝）　新台幣 58,000 元　　版權所有 · 請勿翻印

平定西藏紀略
（清廷統一西藏史料輯錄二）（上）

蔡宗虎　輯註

作者簡介

蔡宗虎，甘肅省平涼市人，西元二〇〇五年畢業於西安交通大學，工學碩士學位，史地愛好者。

提　　要

　　統一西藏爲清聖祖晚年之偉業，帥師出征者爲聖祖第十四子胤禎，胤禎之奏摺已於《胤禎（允禵）西征奏檔全本》整理之。而清聖祖之統一西藏實謀劃周全，遣五路大軍與準噶爾戰，雲南之兵與四川路清軍合爲一路，以定西將軍噶爾弼統之，是爲四川入藏清軍。青海爲入藏之主力，胤禎居此調度統籌，清軍合之青海蒙古軍以平逆將軍延信統之，護送七世達賴喇嘛入藏。振武將軍傅爾丹於阿爾泰，靖逆將軍富寧安於巴里坤率師兩路進擾準部以分其力，免其援軍西藏。因胤禎居青海之故，青海路進軍之奏摺均彙於胤禎而上奏之，而四川、阿爾泰、巴里坤、雲南諸路備兵進軍之情形因路途遙遠皆未奏於胤禎，故胤禎之奏摺多爲青海路清軍之情形，於其餘諸路之情形甚少，本書將散見於諸書關涉者一一輯錄，彙爲一書，仿清代紀略體名之《平定西藏紀略》，合之《胤禎（允禵）西征奏檔全本》，既爲清廷統一西藏文檔之全璧，亦爲清聖祖擊滅噶爾丹後，自康熙五十四年準噶爾襲擊哈密至清聖祖駕崩此一時期清準戰爭文檔之彙集。

目

次

中 冊

下　冊

前　言

　　統一西藏爲清聖祖晚年之偉業，帥師出征者爲聖祖第十四子胤禎，後因政治鬥爭之故，匪特胤禎終雍正一朝圈禁不得釋，即胤禎出征之史跡於《清聖祖實錄》諸官書中刪削殆盡，致使胤禎西征統一西藏之史實泯滅不聞而偉業不彰，後胤禎出征之滿文奏摺發現，因翻譯之極其粗糙，吾曾詳爲校註，合之近年公佈胤禎之奏摺，名之《胤禎（允禵）西征奏檔全本》，期罕見之舊檔可爲學人所用。

　　清聖祖之統一西藏，實謀劃周全，遣五路大軍與準噶爾戰，雲南之兵與四川路清軍合爲一路，以定西將軍噶爾弼統之，是爲四川入藏清軍。青海爲入藏之主力，胤禎居此調度統籌，清軍合之青海蒙古之兵以平逆將軍延信統之，護送七世達賴喇嘛入藏。振武將軍傅爾丹於阿爾泰，靖逆將軍富寧安率師於巴里坤兩路進擾準部以分其力，免其援軍西藏也。因胤禎居青海之故，青海路進軍之奏摺均彙於胤禎而上奏之，而四川、阿爾泰、巴里坤、雲南諸路備兵進軍之情形因路途遙遠皆未奏於胤禎，故胤禎之奏摺多爲青海路清軍之情形，於其餘諸路之情形甚少，感於胤禎之奏檔非清廷統一西藏之全貌，余將散見於諸書關涉者一一輯錄，彙爲一書，仿清代紀略體名之《平定西藏紀略》。而所收之文檔，皆爲當日之原始檔案，少潤飾修改隱諱之弊，合之《胤禎（允禵）西征奏檔全本》，既爲清廷統一西藏文檔之全璧，亦爲清聖祖擊滅噶爾丹後，自康熙五十四年準噶爾襲擊哈密以來至清聖祖駕崩此一時期清準戰爭文檔之彙集也。

戊戌年十月樵夫謹識於自陋齋

凡　例

　　一本書將《康熙朝滿文硃批奏摺全譯》《康熙朝漢文硃批奏摺彙編》諸書中關涉康熙晚年統一西藏史實之文檔一一揀出，彙爲一書，仿清代紀略體名之《平定西藏紀略》，實爲清廷統一西藏奏摺、上諭等文件之彙編。

　　一今日編輯是書，患資料之不豐也，故看似無關緊要之文檔亦輯入，若簡單之請安摺，細考之，亦可見其人職位、處所、時間等信息也。目錄之編輯，除摘自個別書籍資料僅一二條直接於資料後註明出處外，其餘之資料來源編號如下。

　　[1]-《康熙朝滿文硃批奏摺全譯》，[1]-原書序號

　　[2]-《康熙朝漢文硃批奏摺彙編》，[2]-原書序號

　　[3]-《年羹堯滿漢奏摺譯編》，[3]-原書漢文檔序號

　　[4]-《清宮珍藏歷世達賴喇嘛檔案薈萃》，[4]-原書序號

　　[5]-《清宮珍藏歷世班禪額爾德尼檔案薈萃》，[5]-原書序號

　　[6]-《元以來西藏地方與中央政府關係檔案史料彙編》，[6]-原書序號

　　[7]-《五色四藩》，[7]-原書頁碼

　　一是書文檔多輯自《康熙朝滿文硃批奏摺彙編》，該書內文字處理如下，凡奏摺內皇帝的親筆批語，均標明硃批二字，分別排於簡端、尾幅。其行批以及增寫、改寫的字句，則用（），有些滿文字猶用羅馬字轉寫，排於相應的文句之下，以供讀者參考。摺子內被皇帝刪去的文句，用[]表示。

　　一本書將滿文譯漢之文檔中人名一一校註，清代滿蒙藏人士之名即清代舊檔亦多有異寫，而因翻譯之故，人名多與舊檔不符，故將滿文譯漢之文檔中人名一一校註。而漢文奏摺中滿蒙藏人士亦校註之，原因同上，而漢文奏

摺中漢人、漢軍之人名一般則不校註之，因奏摺本極工謹，漢人漢軍人名異寫錯誤者極少故。

一本書於人名之校註，據一二種常用之舊籍史料考據之，即翻譯正確者亦以常用之舊檔相校，以期可據此舊檔而知此人之身份，而不據多種史料以作某一人繁瑣之考證。

一文檔標題中之人名不作校註，其於正文中首次出現者作校註，同一人名之校註，於其前兩次作註稍詳，其餘從簡。

一人名之校對首以《平定準噶爾方略》為據，《平定準噶爾方略》不載者，總督巡撫布政使按察使等官以《清代職官年表》為據校之，都統副都統以《欽定八旗通志》為據校之，其餘以常見之舊籍校註之。

一本書第三〇九、第三七三、第三八四、第三八五、第四〇三此五個文檔均為漢文奏摺滿文硃批者，吾不識滿文，此五文檔之滿文硃批為著名史學家烏云畢力格先生所譯，吾既非先生之學生，亦與先生素不相識，冒昧求助而先生慨然相助，在百忙之中代為譯出，在此深致謝意。

平定西藏紀略

[1] 議政大臣俄費等奏報拉藏班禪等奏本內容摺（康熙四十四年十二月
二十六日）[1]-823

　　議政大臣領侍衛內大臣臣宗室俄費〔註1〕等謹奏，為欽遵上諭事。

　　切准拉藏〔註2〕疏言，啓奏皇上明下，跪奏完備前世善行福祉，寶雅之全
如須彌山堅，以正善學法安撫生靈，如天文殊師利皇帝寶座前，仁慈之日永
照清天當空，俾教生靈康寧如蓮花開，率土之衆欽承溫旨，猶如得聖水，仰
賴大皇帝仁慈之力，二聖者之護佑，身安無恙，略奏之緣由。先安然回歸之
達賴喇嘛〔註3〕，仰賴皇帝溫旨，俾教生靈安居樂業至今，該第巴〔註4〕之情
由，其前一切劣跡，雖蒙皇上睿鑒，但竭盡本意奏明，暗中沮壞宗喀巴〔註5〕
法，公然離間達賴喇嘛〔註6〕下主持政教之施主與達賴喇嘛，欺侮達賴喇嘛，

〔註1〕《欽定八旗通志》卷三百十八作領侍衛內大臣宗室公鄂飛。
〔註2〕即拉藏汗，和碩特蒙古統治西藏之第四代汗，顧實汗圖魯拜琥長子達延鄂齊爾
　　　汗之孫，父達賴汗。
〔註3〕即五世達賴喇嘛，《欽定西域同文志》卷二十三頁三載，阿旺羅布藏佳木磋，
　　　淵旦佳木磋之呼必勒汗，出於衛，坐布賴賁寺牀，又建布達拉寺，賜金冊印，
　　　封西天大善自在佛領天下釋教，為第五世達賴喇嘛。
〔註4〕今常寫作第巴桑結嘉措，《欽定西域同文志》卷二十四頁三載，桑皆佳木磋，
　　　初為總管衛藏四屬第巴，即以第巴名封王爵，賜印，後得罪，為拉藏汗所誅。
〔註5〕藏傳佛教格魯派之創始人。《欽定西域同文志》卷二十三頁一載，宗喀巴羅布
　　　藏扎克巴，衛地始興黃教之祖，生於東宗喀，至衛地建噶勒丹寺，闡揚法教衣
　　　鉢，開先一支八葉，相傳為曼殊師利之呼必勒汗云。
〔註6〕指第六世達賴喇嘛蒼揚佳木磋，清廷初不承認其達賴喇嘛之地位，後默認之。
　　　《欽定西域同文志》卷二十三頁三載，蒼揚羅布藏佳木磋，阿旺羅布藏佳木磋之呼必
　　　勒汗，出於門拉烏克玉爾蘇木，坐布達拉、布賴賁、色拉寺牀，拉藏汗別奉阿
　　　旺伊西佳木磋為達賴喇嘛，乃送京師，至西寧涅槃，未列世次。

任意妄行，敗壞喇嘛之操守之處，雖言之不盡，俱已彙奏〔註7〕，今因第巴之劣跡，我不能忍耐，致招怨尤，以致我所派遣隨行人員不料死亡，其是非如何爲之，請予海鑒。嗣後因興廣宗喀巴法之達賴喇嘛〔註8〕年齒尚幼，君主既總統天下，則扶之爲榮貴之處，請予明鑒，小人我雖欲以善心做有益事，但無濟於事，譬喻爲佛教生靈造益之君主謀略度量，如同羽翼豐滿之大鵬鳥飛跡中小雀飛翔一樣，我等之益處甚小，由君主大慈門興廣宗喀巴法於十方，照常推興二聖者之善事善行，使之較前榮貴，請予明鑒，無知小人我向度量謀略超卓之文殊師利皇帝啓奏雖難，但倚前世恩緣，以如雨滴益於海之清白之心具奏，若有非是，請予鑒諒。再佛法而要者爲宗喀巴法，濟法之二聖者召集執法諸施主，乘該第巴行惡之勢，干戈相尋，盜賊蜂起，君主若不下溫旨，則眾生靈不獲安生，爲此於來年七月初一日於此佛地大會盟，屆時頒下溫旨訓示，請予明鑒，俾眾生安居樂業，執法諸施主等彼此和睦，君主爲二聖者終世効力，永固福祿之事，請予睿鑒，敬進琥珀珊瑚數珠佩帶撒袋備鞍轡馬等語。

筆帖式諾爾布轉奏班禪呼圖克圖〔註9〕疏稱，蒙天朝大皇帝慈鑒，近隨筆帖式諾爾布傳宣訓旨，至是回奏，該六世達賴喇嘛〔註10〕行止如凡人，非喇嘛矣，我前向大皇帝奏明之疏，於癸未年〔註11〕交付由此赴西寧貿易之蘇克班多爾濟喇嘛〔註12〕轉奏，如今聖心又未拋棄我，伏請不斷頒賜訓旨，大加體恤，鑒之鑒之，並以奏書禮呈進禮物哈達等語。

〔註7〕原文作但已彙奏，今改爲俱已彙奏。
〔註8〕原文作達喇嘛，今改正爲達賴喇嘛，指拉藏汗所立並爲清廷冊封之阿旺伊西佳木磋。《欽定西域同文志》卷二十三頁三載，阿旺伊西佳木磋，爲拉藏汗所奉者十四年，殆蒼揚佳木磋之呼畢勒罕受封始送之京師，亦不入世次。實此拉藏汗所立之六世達賴喇嘛，其之達賴喇嘛地位亦爲清廷冊封，及至清軍定藏，發回京師廢之，生死不明，然此喇嘛不爲藏人所認，今一般列達賴喇嘛世系者不列之，清代官書於其之冊封亦諱提之。
〔註9〕此處指五世班禪，非指明爲幾世班禪本書所謂班禪均指五世班禪。第五世班禪，《欽定西域同文志》卷二十三頁五載其名班臣羅布藏葉攝巴勒藏博。
〔註10〕指第六世達賴喇嘛，清廷初不承認其達賴喇嘛之地位，後默認之。《欽定西域同文志》卷二十三頁三載，蒼揚佳木磋，阿旺羅布藏佳木磋之呼必勒汗，出於門拉烏克玉爾蘇木，坐布達拉、布賴貢、色拉寺牀，拉藏汗別奉阿旺伊西佳木磋爲達賴喇嘛，乃送京師，至西寧涅槃，未列世次。
〔註11〕即康熙四十二年。
〔註12〕原文作蘇克班、多爾濟喇嘛，今改爲蘇克班多爾濟喇嘛。

侍讀學士建良等疏言，奴才等謹記皇上詳訓諭旨，於七月初一日行抵拉藏駐所達木地方，拉藏屬下齋桑墨爾根巴圖至，言第巴與拉藏交惡，於今年正月十五日第巴指稱達賴喇嘛〔註13〕之言令我拉藏勿留招地方，與爾兄弟合住或去何地居住，悉聽爾便，快出去等語催逼，時我等力弱，欲敵不能，無奈移駐哈喇烏蘇地方後，第巴不肯，復又趕逐，故被迫率領留於哈喇烏蘇地方之達賴喇嘛所屬下群衆入招地，與第巴兵戰三次，擊敗第巴兵，斬百人，第巴懼星夜逃出，乘船由噶爾招木倫河至日喀貢噶爾城以居，拉藏現率兵駐招地附近，拉藏吩咐我言，大君主使臣至，皆由第巴之哈喇烏蘇地方乘驛送往招地，今既第巴逃出，則勿使大君主使臣耽誤，迨使臣至撥畜派人隨之送到招地，將使臣等乘來牲畜，收取牧以水草，到招地後，我向達賴喇嘛〔註14〕言之等語，遂收我等牲畜，以其牲畜與我等乘騎，派那欽者送我等於七月初九日至招地，抵招地之日拉藏派其部下寨桑哈錫哈來迎我等，請皇上安畢。報稱拉藏言大君主陛下使臣可進我處歟等語。我等語寨桑哈錫哈曰今天色已晚〔註15〕來不及，明日去見之等因，言畢遣之，拉藏復遣其部下寨桑哈錫哈報我等曰，既爲大君主陛下使臣，我等視同一體，何必作難，雖晚亦務必來等語。我等遂去見拉藏，並語之曰聖主遣我等赴班禪處，我來時諭我等進見爾，若有言啓奏則繕疏上奏等語。拉藏對我等言我等爲極小部落〔註16〕之人，蒙神聖文殊師利大君主將我當人看待，頒恩旨令爾等見我，我不勝感激，喜之不盡等語。詢問派往班禪處緣由畢，對我等言第巴極爲奸惡之徒，得罪大君主數次，且沮壞宗喀巴法，崇尚紅帽，教唆達賴喇嘛種種，神聖大君主至仁且寬，惟恐衆生受苦，遂留第巴數年，今欲殺我而不能，是以驅逐我，被迫率領達賴喇嘛下群衆牲畜，派兵與第巴兵戰三次，擊敗第巴兵，俱斬之，

〔註13〕 指第六世達賴喇嘛蒼揚佳木磋，清廷初不承認其達賴喇嘛之地位，後默認之。《欽定西域同文志》卷二十三頁三載，蒼揚佳木磋，阿旺羅布藏佳木磋之呼必勒汗，出於門拉烏克玉爾蘇木，坐布達拉、布賴貢、色拉寺牀，拉藏汗別奉阿旺伊西佳木磋爲達賴喇嘛，乃送京師，至西寧涅槃，未列世次。

〔註14〕 指拉藏汗所立之六世達賴喇嘛阿旺伊西佳木磋，《欽定西域同文志》卷二十三頁三載，阿旺伊西佳木磋，爲拉藏汗所奉者十四年，殆蒼揚佳木磋之呼畢勒罕受封始送之京師，亦不入世次。實此拉藏汗所立之六世達賴喇嘛，其之達賴喇嘛地位亦爲清廷冊封，及至清軍定藏，發回京師廢之，生死不明，然此喇嘛不爲藏人所認，今一般列達賴喇嘛世系者不列之，清代官書於其之冊封亦諱提之。

〔註15〕 原文作天鈀已晚，今改正爲天色已晚。

〔註16〕 原文作報小部落，今改正爲極小部落。

第巴懼逃至日喀貢噶爾城以居，今第巴我二人事尚未完結，爾等至班禪處返回期間抑或完結耳，迨返回後，再將上奏緣由報爾等知之等語。言畢設筵宴我等，次日又宴請我等，宴時拉藏謂我等言，前爾使臣至，皆由第巴撥驛馬乘騎，今第巴既逃出，則我向達賴喇嘛言之，達賴喇嘛若不與，則與我畜乘騎等語。言畢召羅卜藏柯依布尊至，當我等面言上述之語。又言大君主陛下使臣不可耽誤，爾作速往報達賴喇嘛等語，言畢遣之。次日羅卜藏依布尊〔註17〕來我處報稱，達賴喇嘛言大君上雖未派使臣到我處，但不敢耽誤使臣，其所乘牲畜諸物俱照前撥給，又應如何款待之處，爾酌情款待之等語囑咐我，復派我與爾等同行等語。於七月十四日拉藏稱回宅第，赴布達拉叩謁達賴喇嘛畢起程，後聞拉藏未回其宅第，是率兵欲捉拏〔註18〕第巴等因以去等語。二十一日達賴喇嘛親征，其部下土伯特等人紛紛擐甲冑起程北去，次日王扎西巴圖魯〔註19〕之婿樽塔爾來我處報我等日，拉藏親率兵往緝拏第巴，交付我五十人派往第巴駐地以遠，命第巴及其諸子若逃出則進而執之，若不能捉拏則槍殺之，拉藏擒獲第巴及其妻子後，交付台吉達里扎布和紹齊及根頓二人押回時，達里扎布和紹齊、根頓於途中斬殺第巴，第巴之子阿旺林臣逃，樽塔爾我俱執阿旺林臣及其妻押往拉藏處時達賴喇嘛親率數百人追我去，將阿旺林臣及其妻皆搶取等語。又原王達賴戴青〔註20〕屬下人寨桑渾津來報我等言，殺第巴時我親見之等語，所報與樽塔爾同。

　　奴才等乘騎達賴喇嘛牲畜行抵班禪處後，班禪恭請皇上安，將敕書交付班禪畢，宣諭班禪日，奉聖主諭旨，自盛京始老達賴喇嘛〔註21〕、班禪呼圖克圖〔註22〕遣使往來數年，自達賴喇嘛圓寂，因第巴極奸宄，竟欺誑〔註23〕行事，無一實處，即言呼圖克圖爾所奏亦為第巴所逼而具奏，故數年未遣使

〔註17〕　本文檔前文作羅卜藏柯依布尊。
〔註18〕　原文作提拏，今改正為捉拏。
〔註19〕　《蒙古世系》表三十七作達什巴圖爾，顧實汗圖魯拜琥幼子，即第十子。
〔註20〕　達賴戴青《蒙古世系》表三十七作策旺喇布坦，顧實汗圖魯拜琥第六子多爾濟之子。
〔註21〕　即五世達賴喇嘛，《欽定西域同文志》卷二十三頁三載，阿旺羅布藏佳木磋，淵旦佳木磋之呼必勒汗，出於衛，坐布賴賁寺琳，又建布達拉寺，賜金冊印，封西天大善自在佛領天下釋教，為第五世達賴喇嘛。
〔註22〕　即第四世班禪，《欽定西域同文志》卷二十三頁五載，班臣羅布藏吹吉佳勒燦，恩薩瓦羅布藏敦珠布之呼必勒汗，出於藏，坐扎什倫博琳。
〔註23〕　原文作期誑，今改正為欺誑。

臣，呼圖克圖爾向爲朕篤行，故朕亦思念爾，是以特遣使赴爾呼圖克圖處問好，欽此。宣諭畢班禪對我等言，凡事皆蒙神聖大文殊師利君主睿鑒，大君主向來格外體恤我，今復蒙遣使問我好，喜之不盡等語，言畢宴我等，次日遣其部下人祖木本來我處問曰，大君主令我等遣使與否等語。我等語之曰，聖主有旨，爾等若遣使，則令我等攜之來等語。班禪又宴我等數次，我等返還時班禪對我等言，蒙大君主體恤，頒溫旨垂問我好，我應即遣使恭請君主安，但除達賴喇嘛外，我處從未另遣使臣一次，凡此諒君主亦鑒之，欲與達賴喇嘛商議，由達賴喇嘛遣使，然今遇拉藏、第巴之事，我土伯特人眾甚受其苦，故不獲適當人畜，今不便遣使，請將此情由，奏報大君主，將我奏書，所貢佛尊舍利珊瑚數珠香氆氌帶往呈進等因交付我等時我等謂班禪曰，聖主有旨，爾等若遣使則帶來，並無諭令將奏書及貢物攜來，既然如此，則我不可攜往等語。班禪屢求我等言，我蒙大君主格外體恤，下頒溫旨，我惟爲皇上萬萬歲晝夜祈禱誦經耳，纖毫非能報答者，至於物品若謂無旨則罷，而其佛尊舍利乃我虔進神聖文殊師利大君主者，務請將奏書一併帶去等語。奴才等帶來阿育錫佛一尊舍利五個奏書三件，閱其書，內書有請奏聞拉藏、第巴緣由，以及呈進皇上之物，因無旨我等未帶去等辭。

　　我等自扎什倫布行至招地後，達賴喇嘛遣扎西車稜與羅卜藏柯依布尊同至我處報稱，求請皇上安，又第巴未用藥鴆拉藏，而拉藏以爲第巴鴆之，於是反目相戰，以害眾人，時我對拉藏、第巴曰勿害眾生靈，我將第巴移出如地暫駐日喀貢噶爾，將爾等之情由啓奏天朝君主，若蒙頒旨，則照辦之，時拉藏、第巴俱從，遂將皇上恩賜第巴之印敕存於布達拉，第巴暫駐日喀貢噶爾，拉藏稱回歸宅第，向我叩畢起程，不料拉藏心懷奸慝誑我，星夜往擒第巴並其妻子，斬殺第巴，我心甚失望，我土伯特人眾反言我與拉藏謀殺第巴，是以我召各寺廟喇嘛等齊集，爲第巴誦經畢，將所有之物散給諸喇嘛，五世達賴喇嘛、我土伯特群眾向蒙神聖君主體恤至此，我雖年幼無知，但念歷世〔註24〕達賴喇嘛如何惠愛我土伯特人，請神聖君主明鑒，懇將此情由代我轉奏等語。言畢送給我等氆氌等物，我等謂來者言，皇上未將我等派往爾達賴喇嘛處，爾等之言我等不可啓奏，我等來此，於爾等無涉，故不便受爾等之物等語，遂卻其所送之物，看得土伯特人眾皆甚畏懼拉藏。

〔註24〕原文作闊世，今改正爲歷世。

　　咨訪達賴喇嘛事，據言達賴喇嘛與第巴之女犯奸，跟隨達賴喇嘛之男童拉旺亦犯奸，故第巴與鍾錦丹津鄂木布、阿旺那木准、多羅鼐、噶吉那巴、特依本等商議欲殺拉旺，而誤殺跟隨拉旺之男童，復追砍拉旺肩，拉旺未死，達賴喇嘛查此案數月，纔拏獲交付，拉藏殺鍾錦丹津鄂木布等五人時，因此五人俱與第巴親昵，故第巴懇求免其身命，拉藏不肯殺之，從此結讐，用藥鴆拉藏事實等語。據言去歲策妄喇布坦〔註25〕遣其部下喇嘛阿克巴一人問班禪、拉藏、達賴喇嘛、第巴等好，並以征阿玉奇〔註26〕獲勝故誦經等語。我等至招地之際，策妄喇布坦復遣其部下人察罕丹津，據打聽得消息，聞拉藏與第巴交惡，遂遣人問班禪、拉藏、達賴喇嘛等好，以打聽消息等語。拉藏遣其部下寨桑特古思與察罕丹津同往策妄喇布坦處，以達賴喇嘛嗜酒好色，妄行無忌，故土伯特人衆皆怨言，爲拉藏、第巴案我土伯特人衆被殺者被殺，破敗者破敗，達賴喇嘛則肆意妄行，各寺廟喇嘛等勸諫啓發，但又不聽或是我等應該破敗，以致如此耳等語。

　　自招地至達木地方看得，拉藏亦懷疑達賴喇嘛，收其部下人等同住一地，其部下人等亦大懼以防範之，我等返還時拉藏謂我等言，第巴欲立我爲汗，達賴喇嘛承接察奇爾巴頓汗〔註27〕坐牀，以其女與達賴喇嘛，以控制達賴喇嘛等因，曾與我甚爲友善，前年第巴欲殺跟隨達賴喇嘛之男童拉旺，交付鍾錦丹津鄂木布等砍之，故達賴喇嘛將鍾錦丹津鄂木布等交付我殺之，從此第巴與我結讐，欲殺我而下毒，幸爲額木齊當木鼐治癒，我想既執第巴，如何處置之處，經奏請皇上遵旨施行，是以交付我部下根頓等押回家時根頓等念讐將第巴殺之，第巴之二妻三子一女在我處，第巴之長子瑪蘇爾策旺已逃出，執次子阿旺林臣解來時達賴喇嘛搶取，現在布達拉，將我此情由，請皇上恩鑒。又達賴喇嘛年幼，授戒後如凡人妄行，與衆意〔註28〕不合，此皆第巴教唆，諒皇上無不明鑒者，皇上若不頒發達賴喇嘛以敕書，則土伯特群衆將終無寧日，我本欲來年會盟時將此等情由並應如何處置達賴喇嘛之處，奏請皇上明鑒，恩頒敕諭，故我將遣我部下台吉額爾克與爾等同往奏書請安，呈進禮物，若蒙頒旨則將遵行。我語策妄喇布坦使者察罕丹津言，神聖大君主既

〔註25〕　《平定準噶爾方略》卷一頁一作策妄阿喇布坦。
〔註26〕　屬土爾扈特部，《平定準噶爾方略》卷二頁三作阿玉奇汗。
〔註27〕　據《五色四藩》頁二〇七烏雲畢力格先生釋，此詞爲梵文之蒙古語形式，意爲轉輪王。
〔註28〕　原文作從意，今改正爲衆意。

爲統率〔註29〕我等之主，則共同擁戴，賴以安堵，又告知啓奏皇上之緣由畢遣之，請將我等上述情由，代我啓奏等因，設宴款待我等畢，遣其部下台吉額爾克與我同行，將班禪、拉藏奏書，所進佛尊舍利，除行抵西寧後賫奏外，爲此奏聞等語。

　　班禪呼圖克圖疏曰，誠敬跪奏天命文殊師利聖主膝下，不遠之今時瞻部如意寶樹璀璨，成全此大州佛教生靈，御威宣揚，天地自在文殊師利聖主，集兩善之奇行，自蒼穹生成之體，猶如萬道日光照金山，威力愈盛而無偏，穩坐金海寶座，皇上道統成自七寶，金輪廣大，以堅固旨法總統天下，無數集善之明，自燦爛上空賜敕問好，恩賞禮物絢麗整緞十疋，遣建良、喇嘛羅布藏頓魯布噶隆二使臣至，得邀非常溫旨無比，不勝喜悅，謹遵住雪地之釋迦牟尼佛長道，闡經求福，我爲衆生誠心願與至此諸喇嘛誦經，爲神聖大皇帝之壽勤祝不怠以請上安，照依所頒敕書，可信之滿珠習禮、喇嘛、宗喀巴教及前世達賴喇嘛等，自博克達汗〔註30〕以來，荷蒙體恤，頒敕遣使不斷，仰賴矜憫扶育，我雪地衆生咸皆安居樂業，此間百案叢生，敕書及使臣往來遂斷，我心雖甚憂戚，但蒙神聖文殊師利皇帝以天心消弭隔閡，明察秋毫，愈加體恤，特遣使頒敕問好，賞物前來，如獲永享安逸之基地，不勝喜悅，愈加感念，以致皇恩尤尊，仰蒙聖主軫恤始終，將我意轉奏聖主之處亦有之，又如前好，以衆生爲要，將滿珠習禮喇嘛宗喀巴恒業、我等聚集之喇嘛群，聖主寬大仁慈惻然之心，終究軫念不棄，不斷頒敕集仁，猶如雅魯藏布江長流不息，望鑒之鑒之，以奏書之禮，備辦禮物無量壽勝神慧阿育錫佛身，有福利瑪之梵中地方匠役等所造閃耀阿迪斯提特懿光連位靠衣裳，保群全益之寶舍利五個封固，於乙酉年〔註31〕八月初一吉日呈進等語。

　　又有疏稱，特奏緣由，蒙天朝大皇帝軫念頒旨問好，以回奏之禮，照前備辦禮物，屢次呈給二使臣，但言天朝皇帝有旨，從此處遣使則帶來，未令帶禮物來等語，是以除奏書外，未能進禮物，雖欲願遣使奏請大皇帝安，但此期間土伯持地方敗敝，且又不知日後如何，至於遣使事若不報達賴喇嘛知之，便不可從此處遣使去，故爲請安之禮，備辦應帶禮物交付使臣等，並報告其緣由，但除奏書佛尊舍利外，餘物未帶去，將我聊表微意而進之些許禮

〔註29〕原文作統雙，今改正爲統帥。
〔註30〕指清太宗皇太極。
〔註31〕即康熙四十四年。

物，未能呈進皇上，故甚懊悔，但能啓奏大皇帝，我內心纔安矣，皇上之仁至深極寬，請准仍以請安之禮呈進些許禮物，嗣後仍予矜憫，終究不棄，請明鑒之等語。

又有疏稱，特奏緣由，今年土伯特地方之事，拉藏自身與達賴喇嘛、第巴不睦，以第巴破壞宗喀巴之法及其諸事，拉藏甚恨之，故相與交惡，我欲調和，以善意說之，但第巴命中註定，遂死，將此等事，諒二使臣亦知之矣等語。

有稱達賴喇嘛之人致書於王扎西巴圖魯云，致扎西巴圖魯台吉，今年拉藏征土伯特之緣由，第巴由招地驅逐拉藏，故從此結讐，我向與拉藏無嫌隙，拉藏發兵至逼近後，雖未傷害我，但我與第巴一心，豈能離之耶，所以與拉藏結讐，是因拉藏滋啓釁端，且顯然不聽我言，反以種種惡言誣我，致使我等惡貫滿盈。再於殺第巴等事，嗣後與我結爲世讐，拉藏盡掠達賴喇嘛商上牲畜，要緊者除破壞爾父祖輩所行善事外，拉藏無論在何地，除傷害我等外，別無益處，是以凡事應預作籌畫之，將此等情由，請轉告多爾濟喇嘛〔註32〕，可以奏聞皇上，牢記於仁心，乘便不斷寄信問好等語。

有稱達賴喇嘛之人致書於青海衆台吉云，致衆大小施主，所以令拉藏繼達賴汗〔註33〕位，是念及於土伯特有益，故令即位，以第巴罪行爲藉口，發兵征土伯特，將群衆殺者殺之，淪爲乞丐，顯係第巴令拉藏繼達賴汗位，從此威辦全備，凡事專擅，且不令我干預，執第巴殺之，如今揚言發兵征土伯特，若徒釋拉藏，則土伯特地方不定，爾等本意若實，則今正值効力之時，已牢記於仁心等語。

喇嘛商南多爾濟〔註34〕密疏內稱，爲奏聞事，於今年十一月十九日親王扎西巴圖魯遣其屬下人達錫攜帶遺達賴喇嘛之呼畢勒罕〔註35〕及王之唐古特文書二件至西寧報稱，台吉松塔爾〔註36〕托我王屬下人馬木特密傳口信曰，

〔註32〕 疑即《平定準噶爾方略》卷一頁一之喇嘛商南多爾濟。

〔註33〕 和碩特蒙古統治西藏第三代汗，顧實汗圖魯拜琥長子達顏鄂齊爾汗之子，拉藏汗之父。

〔註34〕 《平定準噶爾方略》卷一頁一作喇嘛商南多爾濟。

〔註35〕 即七世達賴喇嘛，清廷初封其爲弘法覺衆第六輩達賴喇嘛，後默認爲第七世。《欽定西域同文志》卷二十三頁二載，羅布藏噶勒藏佳木礎，蒼揚佳木礎之呼畢勒汗，出於里塘，至衛座布達拉、布賴賁、色拉寺竦，賜冊印爲第六世達賴喇嘛。

〔註36〕 本文檔前文作樽塔爾。

爾報告王，拉藏與策妄喇布坦甚好，彼此遣人往來，事將叵測，俟來年青草萌發，應略遠設哨兵以防之等語。

再達賴喇嘛之呼畢勒罕遣其屬下寨桑杜喇爾由喀木路往報青海王諸台吉曰，拉藏至我土伯特並未行一善事，第巴二人彼此不和，故興師征土伯特部，盡擄商上牲畜財貨等物，又誆我星夜突至日喀貢噶爾城，執第巴殺之，今仍有不令我土伯特人眾安逸，以陷於困境之意，將此等事，王爾若不啓奏天朝皇帝，則土伯特舉部將不得安寧，爾等若有助我之意，則今應幫助，否則我除避往某一地以駐外，我亦不能駐此保護，請王爾以報告多爾濟喇嘛〔註37〕，並轉奏天朝皇帝以聞等語，曾令我將此言亦報告多爾濟喇嘛，今據來報，我身病重不能行，可否王遣人往報等語。

奴才深思，頃奉聖主親筆諭旨，拉藏、策妄喇布坦尋釁，不無恐懼，餘意雖不可逆料，但未必有惡意，欽此。事與此旨相合，事之實虛雖難料定，但王既特遣人來報，則不能不奏，是以將達賴喇嘛之呼畢勒罕〔註38〕致王扎西巴圖魯之用印唐古特文書一件，照抄致青海眾台吉之唐古特文書一件，一併謹密行奏聞等語。於康熙四十四年十二月二十三日乾清門侍衛喇錫〔註39〕等傳宣諭旨，拉藏所奏之事，著議政大臣等詳閱議奏。再對拉藏之使者，青海王貝勒貝子公（台吉）之使者等，議政大臣爾等[同問之]（傳宣諭旨），今拉藏殺第巴後受阻，不知達賴喇嘛之實虛，不能裁決，所以奏請，今更改第巴給拉藏之成吉思汗之名，給予其父之達賴汗之號，送達賴喇嘛至此，朕觀達賴喇嘛之實虛後或立爲察齊爾巴頓汗〔註40〕或封爲達賴喇嘛之處，觀後決定，如此則爾台吉等即遵旨送來耶，使者爾等小人安能裁決，爾等想說甚麼等因，爾等同問畢奏來，欽此欽遵。

臣等會議得，拉藏疏言，先安然回歸之達賴喇嘛，仰賴皇帝溫旨，俾教生靈逸樂至今之際，第巴破壞宗喀巴之法，其任意妄行之處，言之不盡，我不能忍耐，致招怨尤，以致我所派遣隨行人員不料死亡，其是〔註41〕非如何

〔註37〕 原文作金爾濟喇嘛，本文檔後文作多爾濟喇嘛，故改爲多爾濟喇嘛。
〔註38〕 即七世達賴喇嘛，清廷初封其爲弘法覺眾第六輩達賴喇嘛，後默認爲第七世。《欽定西域同文志》卷二十三頁二載，羅布藏噶勒藏佳木磋，蒼揚佳木磋之呼畢勒汗，出於里塘，至衛座布達拉、布賴賁、色拉寺牀，賜冊印爲第六世達賴喇嘛。
〔註39〕 《欽定八旗通志》卷一八六作拉錫，有傳，曾與學士舒蘭往窮河源。
〔註40〕 本文檔前文作察奇爾巴頓汗。
〔註41〕 原文作具是，今改正爲其是。

為之，請予海鑒，嗣後因興廣宗喀巴法之達賴喇嘛年齒尚幼，君主既總統天下，則扶之為榮貴之處，請予明鑒，小人我雖欲以善心做有益事，但無濟於事，由君主大慈門興廣宗喀巴法於十方，照常推興二聖者之善事善行，使之較前榮貴，請予明鑒。再濟法之二聖者召集執法諸施主，乘該第巴行惡之勢，干戈相尋，盜賊蜂起，君主若不下溫旨，則眾生靈不獲安生，為此於來年七月初一日召集大會盟，頒溫諭訓示之，請予明鑒等語。

　　乾清門侍衛喇錫等傳宣諭旨，拉藏所奏之事，著議政大臣等詳閱議奏，再對拉藏之使者，青海王貝勒貝子公（台吉）之使者等，議政大臣爾等[同問之]（傳宣諭旨），今拉藏殺第巴後受阻，不知達賴喇嘛之實虛，不能裁決，所以奏請，今更改第巴給拉藏之成吉思汗之名，給予其父之達賴之號，送達賴喇嘛至此，朕觀達賴喇嘛之實虛後或立為察齊爾巴頓汗或封為達賴喇嘛之處，觀後決定，如此，則爾台吉等即遵旨送來耶，使者爾等小人安能裁決，爾等想說甚麼，欽此欽遵。遂詢問之，使者等言，皇上諭旨，我等眾台吉無不遵者，即照旨意辦耳，但有達賴喇嘛之名，我等小人何以得知，成吉思汗之名乃第巴所起，蒙聖主矜念，若賜拉藏父之達賴汗之號，則豈有比此尊者等語。

　　臣等伏思，聖主頒旨甚為周詳，俱應謹遵上諭施行，又筆帖式諾爾布轉奏班禪呼圖克圖疏云，該六世達賴喇嘛行止如凡人，非喇嘛矣等語。據我使臣建良、諾爾布等聞得，第巴聞拉藏發兵，第巴親征，並寫一書付其部下二商袞，並令轉交日喀則城內第巴達爾巴日，我若擊敗拉藏，則爾等執班禪送來招地，將扎什倫布寺之眾喇嘛等盡誅之等情，其書誤送班禪，班禪聞之，避駐武嶽地方等語。查達賴喇嘛其人行惡辱法，退所受戒律而娶妻，且拉藏殺第巴後，搶擄第巴之子阿旺林臣等，伊率兵搶取阿旺林臣等養之，由此觀之，達賴喇嘛其人無二，第巴之子是實，夫達賴喇嘛之名對於眾蒙古關係甚鉅，斷不可留於彼處，若仍留彼處，則日後必亂黃教，滋生事端，以勞眾土伯特人，貽害拉藏本身，拉藏殺第巴後受阻，達賴喇嘛有虛實之處，故令招地、扎什倫布等各寺廟喇嘛等照常誦經，准眾使者、施主照前通行貿易，派[官員]（大臣）一員，於青海王貝勒貝子公台吉等之諸使者中遣能馳善人各一名乘驛赴青海，召集王貝勒貝子眾台吉報明上述緣由，勸其心歸一致，並寫文交付已前去之官員一面具奏一面赴拉藏處，著送達賴喇嘛其人前來，陳述緣由，賫敕以去，其應遣大臣官員喇嘛等，由該部奏上閱視。又青海王眾台吉、拉藏俱爲固始汗〔註42〕之子孫，則送達賴喇嘛其人前來時若拉藏力所不及，則於青海王台吉等中誰協濟前往之處，具奏請旨。

又查侍讀學士建良等奏疏一件，班禪呼圖克圖爲頒恩賞緞疋而奏疏一件，班禪請將其所貢禮物不辱賜納而奏疏一件，拉藏以第巴破壞法度，故相與交惡，第巴命該如此，因而殞命等因奏疏一件，喇嘛尚南多爾濟奏聞有達賴喇嘛之人致文〔註43〕書於青海王台吉等之文書一件，有達賴喇嘛之人致書青海王扎西巴圖魯衆台吉稱拉藏無論在何處，除向我等施威外，別無益處等因書二件，共計書七件，既無別情，故皆毋庸議，爲此謹奏請旨。

議政大臣領侍衛內大臣臣宗室俄費。

議政大臣都統臣宗室特克欣〔註44〕。

議政大臣內大臣臣明珠〔註45〕。

議政大臣都統臣孫扎齊〔註46〕。

議政大臣戶部尙書臣凱音布〔註47〕。

議政大臣領侍衛內大臣侯臣巴渾德〔註48〕。

議政大臣領侍衛內大臣兼理理藩院尙書事公臣阿靈阿〔註49〕。

議政大臣都統臣崇固禮〔註50〕。

議政大臣兵部尙書臣馬爾漢〔註51〕。

議政大臣刑部尙書臣安布祿〔註52〕。

議政大臣都統臣嵩祝〔註53〕。

議政大臣禮部尙書臣席爾達〔註54〕。

〔註42〕 《西域同文同文志》卷十七頁一載，顧實汗圖魯拜呼，準噶爾和碩特哈尼諾雅特烘郭爾之子，封遵文行義敏慧顧實汗，按顧實汗舊居青海，以全境來歸，爲青海諸王受封之始，故首紀之。

〔註43〕 原文作力，今改爲文。

〔註44〕 《欽定八旗通志》卷三百二十一作滿洲鑲黃旗都統宗室特克新。

〔註45〕 《欽定八旗通志》卷三百十八作內大臣明珠。

〔註46〕 《欽定八旗通志》卷三百二十四作蒙古正黃旗都統孫渣齊。

〔註47〕 《清代職官年表》部院大臣年表作滿戶部尙書凱音布。

〔註48〕 《欽定八旗通志》卷三百十八作領侍衛內大臣侯巴渾岱。

〔註49〕 《欽定八旗通志》卷三百十八作領侍衛內大臣公阿靈阿。

〔註50〕 《欽定八旗通志》卷三百二十一作滿洲正白旗都統崇古禮。

〔註51〕 《清代職官年表》部院大臣年表作滿兵部尙書馬爾漢。

〔註52〕 《清代職官年表》部院大臣年表作滿刑部尙書安布祿。

〔註53〕 《欽定八旗通志》卷三百二十一作滿洲正紅旗都統萬祝。

〔註54〕 《清代職官年表》部院大臣年表作滿禮部尙書席爾達。

議政大臣工部尙書臣溫達〔註 55〕。

議政大臣都統臣吳達禪〔註 56〕。

議政大臣吏部尙書臣敦拜〔註 57〕。

議政大臣吏部左侍郎臣傅繼祖〔註 58〕。

議政大臣都察院左都御史希福訥〔註 59〕。

理藩院左侍郎臣滿篤〔註 60〕。

右侍郎臣伊道〔註 61〕。

[2] 商南多爾濟奏領催巴特瑪出使西藏情形摺（康熙四十五年二月十二日）[7]-220

奏摺。

奴才商南多爾濟謹密奏，奴才謹奉聖旨，將所遣領催巴特瑪〔註 62〕之出使情形已奏聞外，又向伊等詢問拉藏之情形，其內心之虛實及伊等所目睹者。巴特瑪等答曰，（我等）抵達後作爲賀禮，拉藏將自用之拉古碗與念珠及其妻車凌達什佩帶之小金盒子中所入寶丸舍利等給領催巴德瑪〔註 63〕，車凌達什亦將小銀盒子中所入寶丸及舍利給我弟子羅卜藏林沁。拉藏閱畢奴才所遣之書，將書置於頭頂曰，爾等即已前來，因昭地不遠，要前去叩頭，我將前往拉穆吹忠處，令其看此書。翌日拉藏率七人連夜赴往拉穆吹忠處，將自此處所遣之書中事由盡告拉穆吹忠，並向他請教，可否將達賴喇嘛之呼必爾罕〔註 64〕立即執送，抑或如何是好。拉穆吹忠曰，凡事若奉聖滿珠習禮汗之旨而行，則於政教有益。又寫與（拉藏之)書云，如入魔道而行，則於教法

〔註 55〕《清代職官年表》部院大臣年表作滿工部尙書溫達。

〔註 56〕《欽定八旗通志》卷三百二十四作蒙古鑲黃旗都統鳥達禪。

〔註 57〕《清代職官年表》部院大臣年表作滿吏部尙書敦拜。

〔註 58〕《清代職官年表》部院滿侍郎年表作吏部滿左侍郎傅繼祖。

〔註 59〕《清代職官年表》部院大臣年表作希福納。

〔註 60〕《清代職官年表》滿缺侍郎年表作理藩院滿左侍郎滿篤。

〔註 61〕《清代職官年表》滿缺侍郎年表作理藩院右侍郎伊道。

〔註 62〕《平定準噶爾方略》卷三頁二十二有主事巴特瑪，即此人後陞任者。

〔註 63〕本文檔前文作巴特瑪。

〔註 64〕指第六世達賴喇嘛蒼揚佳木磋，清廷初不承認其達賴喇嘛之地位，後默認之。《欽定西域同文志》卷二十三頁三載，蒼揚佳木磋，阿旺羅布藏佳木磋之呼必勒汗，出於門拉鳥克玉爾蘇木，坐布達拉、布賴賁、色拉寺琳，拉藏汗別奉阿旺伊西佳木磋爲達賴喇嘛，乃送京師，至西寧涅槃，未列世次。

有裨益，將此奏報皇上。拉藏未解此言之意，曰或許章嘉呼圖克圖〔註65〕、多爾濟喇嘛〔註66〕二人能解也。又拉藏曰，如此行事，等皇上聖旨到日，屆時奉旨而行，況且今聞此達賴喇嘛之呼呼必罕非達賴喇嘛，（昔）第巴〔註67〕在日將在喀木、布嚕克巴、雅木魯布湖三地顯現之三呼必爾罕瞞著眾人（秘密）帶來，據稱今藏在布達拉之紅色扎克布里地方，爾等速同我使者達瓦齋桑哈什哈一起前往，告知多爾濟喇嘛，轉奏聖主，如此則不至錯過時機，諸事完結亦速。（我等）謹遵皇上任何聖旨，（我等）將等待爾等之消息至明年五月。（拉藏）每日設宴敬重招待領催巴特瑪等，凡事並無戒心，回來時又給馬匹及糧糗。及詢問來使達瓦齋桑哈什哈，伊亦言，因此事遣他前來奏報皇上，因（達瓦齋桑哈什哈）為拉藏特為皇上奏事而遣者，故不得將其停留，使之乘騎驛馬同領催巴特瑪一道遣往。

奴才竊思，聖主甚明，凡事尚未發生，即能預先通曉，敕令老奴才遺書拉藏開示禍福，一切如聖主勝算，觀拉藏請拉穆吹忠看過後所寫藏文文書，內有如入魔道而行，則於政教有裨益，將此奏報皇上等語，奴才猜想（此語）或許指今在世之達賴喇嘛之呼必爾罕〔註68〕。

聖主令奴才躋身於（大)人之列，遺住疆域，是故如有信息，豈敢不奏聞。初聖主詢問奴才心思，奴才曾上奏等探知青海諸王之意後再使其離開，似行之順利，今（奴才）竊思，使達賴喇嘛之呼必爾罕離開之諸事似易於辦理，但不顧青海諸王，依拉藏奏疏立刻決斷，料不定眾心不服，皇上甚明，如何辦理事情，如何降旨於拉藏使者達瓦齋桑哈什哈，均聽從皇上聖裁，謹此恐慌秘密上奏。

康熙四十四年十二月二十六日。

（蒙古文）康熙四十五年春二月十二日〔註69〕。

硃批，爾所奏甚是，先前已與青海諸王貝勒台吉等商定，其與爾書之意相一致，甚好。

〔註65〕 指第二世章嘉呼圖克圖阿旺羅桑卻丹，清聖祖敕封為灌頂普善廣慈大國師。
〔註66〕 疑即本文檔之商南多爾濟喇嘛。
〔註67〕 今常寫作第巴桑結嘉措，《欽定西域同文志》卷二十四頁三載，桑皆佳木磋，初為總管衛藏四屬第巴，即以第巴名封王爵，賜印，後得罪，為拉藏汗所誅。
〔註68〕 指第六世達賴喇嘛蒼揚佳木磋。
〔註69〕 譯者註，這是該密摺送到北京的日期。

[3] 桑南多爾濟奏報拉藏擅立達賴喇嘛呼畢勒罕並五世班禪進獻物品摺（康熙四十六年五月二十二日）[5]-12

奴才桑南多爾濟〔註70〕謹奏，爲奏聞事。

奴才謹遵聖旨，會同內閣學士拉都渾〔註71〕等在會盟處察干托羅蓋地方召集眾人宣旨，加以調節之處，已另摺具奏外，此次前來會盟王貝勒公台吉等，皆因聖主廣衍教法，爲其兄弟間彼此不睦，特降諭旨調停，無不歡喜。茲具書奏稱，一同和睦奮勉，遵行聖旨等語。奴才觀其情形，現雖稱仰副聖上養育之至意而行，其各自之舊事，因王扎西巴圖爾〔註72〕並未能了結，尚有數人對王不服，此皆因王年邁體弱，沉迷於酒，聽信其屬下齋桑等人之言而行所致。先前奴才奉有御批，著將王之情形，無數次具奏，焉敢匿而不奏。

再拉藏汗擅立扎克布里所有三位呼畢勒罕中之一位爲達賴喇嘛之處，問王貝勒公台吉等爲何意，據王扎西巴圖爾等告稱，我等先前將拉藏之各種舛錯，均皆遵旨加以制止，而今拉藏將達賴喇嘛呼畢勒罕之事，不預先奏請聖裁，即行擅立，即使將我等殺死亦心不服等語。奴才詳閱拉藏奏書及班禪之書、吹忠等之龍單，達賴喇嘛呼畢勒罕之情形，並未盡詳，且其奏書及吹忠等看視文書，內容各異。問拉藏所遣卓里克圖齋桑巴圖，又不明詳事之原委，而況聖主先前以此三位呼畢勒罕不可留於西地，著其送來者，特爲日後又有稱之爲達賴喇嘛呼畢勒罕者，難以預料，故皇上預先洞察，頒降諭旨，拉藏明知如此，豈能不明陳原由，即行擅作主張，坐達賴喇嘛之牀，此乃拉藏僅計私利行事，並未仰體聖上廣衍黃教，安逸眾生之聖意而行，拉藏現將扎克布里之呼畢勒罕擅坐達賴喇嘛牀之處，業已核實，故內閣學士拉都渾等，未便不請旨即往，事關重大，奴才經與拉都渾會議，暫且等候聖旨訓示。拉藏所遣之使卓里克圖齋桑巴圖，留於其住博羅沖可克台吉塔藍布木處，亦在候旨。再班禪將進獻聖上之無量壽佛一尊、舍利三顆、琥珀素珠一串、哈達一方，交付拉藏之使賫至，奴才等收留之，此等物件如何辦理之處，一併請旨聖裁，俟有旨下，謹遵施行，爲此謹具奏聞。

硃批，班禪所進物件，俟此事了結再奏，觀爾所奏事件，西地事務似暫不能了結，而今議政大臣所議之事，爾等從速定議具奏之時，再行思慮。現

〔註70〕《平定準噶爾方略》卷一頁一作喇嘛商南多爾濟。
〔註71〕《清代職官年表》內閣學士年表作拉都渾。
〔註72〕《蒙古世系》表三十七作達什巴圖爾，顧實汗圖魯拜琥幼子，即第十子。

據報策妄阿喇布坦〔註73〕已亡，真偽雖不確定，大致接近真實，此人亡則可不再為西地擔憂，爾等仍行探信。（六月十二日收文）

[4] 赫壽奏為到藏後看的西藏情形摺（康熙四十八年十一月十一日）

[2]-601

密摺，奴才赫壽〔註74〕謹奏，為遵旨奏聞事。

奴才請訓旨時奉上諭，如有可密之事，命奴才漢字奏聞，欽此。奴才到藏，看喇藏〔註75〕形景，深感聖恩，甚畏天威，且今年奴才等此來，皇上照伊所請，准達賴喇嘛〔註76〕坐牀，又將巴爾喀木差役依舊給還，皇上重賞之外，又賜盔甲弓箭海青等物，喇藏見所未見，喜不自勝，感恩頌德似出自本心。然而伊疏內有不敢違旨留奴才等居住等語，細窺其心，此疏往返，奴才等一年將滿，並非為奴才等住一年起見，惟恐不冊封達賴喇嘛，年年有人久住，皇上耳目咫尺，伊不得自如，又怕旁人疑議，以此深為憂慮，達瓦曾奏差人協理，於伊主大有裨益等語。今年入京不差達瓦而差別人者，恐達瓦難於奏對之意，奴才庸陋愚昧，謹據所見奏聞，伏祈聖明乾斷。

又聞喇藏於策望阿爾布坦〔註77〕每年彼此有人往來，今年策望阿爾布坦於哈薩克爭鬭，所以至今尚未有人到藏，喇藏舊年差去之人亦尚未回，原有迪巴時土白忒人強而額魯得〔註78〕弱，今看額魯得最強而土白忒最弱，然土白忒人情風俗無恥下流，弱懦不堪，又聞額魯忒原在藏有五千餘人，其所居住〔註79〕地方於人不相宜，生育者少，即生育亦難於長成，所以人丁比先漸減，為此一併奏聞。

康熙肆拾捌年拾壹月拾壹日赫壽。

附硃諭一道

近日來往走的人風聞甚雜，西海似有多事，尔等須細心打聽，臨來時對喇藏講明皇上打發我們到此，原非為得藏裏土地人民，亦非有他意，今尔所

〔註73〕《平定準噶爾方略》卷一頁一作策妄阿喇布坦。
〔註74〕《清代職官年表》部院滿侍郎年表作吏部滿左侍郎赫壽。
〔註75〕即拉藏汗，和碩特蒙古統治西藏之第四代汗，顧實汗圖魯拜琥長子達延鄂齊爾汗之孫，父達賴汗。
〔註76〕指為拉藏汗所奉並為清廷所封之第六輩達賴喇嘛阿旺伊西佳木礎。
〔註77〕《平定準噶爾方略》卷一頁一作策妄阿喇布坦。
〔註78〕清代檔案多作厄魯特，額魯特。
〔註79〕原文作居單，今改正為居住。

奏甚明，所以皇上叫我等去，自我等回去之後，西海尔的骨肉親戚，竟不相干，藏裏人終來，非尔之人，皇上此一豢養〔註80〕尔意思，惟思無益，反叫人恥笑，凡事要小心，不可聽讒言再別生事，尔倘若不聽我們金石良言，後悔無及矣，朕又聞的巴再生於的巴查㑈之名下，其刀痕尚在等語，此一案須同喇藏細察，果有此事，必須完這一件事纔好，不然外國之人其疑心可以做壞事，不可看得事小而忽署也。

[5] 侍郎赫壽等奏報拉藏汗妻車棱達希病逝摺（康熙四十九年正月二十八日）[1]-1544

遣往西地侍郎奴才赫壽等謹奏，為奏聞事。

竊奴才等先至達木地方時以拉藏汗〔註81〕福晉病未曾見之，至招地後病勢稍瘥，欲見文殊師利大皇帝欽差大臣等，遂召見之，感激聖主之恩，優待奴才等，設筵宴之，看車棱達希〔註82〕氣血過於瘦弱，於十二月到彼後病復發，於今年正月初十日逝世，為此謹奏聞。

侍郎奴才赫壽。

一等台吉奴才塔旺扎木蘇〔註83〕。

散秩大臣奴才羅卜藏希喇布〔註84〕。

頭等侍衛奴才阿齊圖〔註85〕。

奴才貢格吹桑噶隆。

奴才德木齊吉木巴扎木蘇噶隆。

郎中奴才德成額。

主事奴才劉格。

硃批，知道了。

〔註80〕原文作斷養，今改正為豢養。
〔註81〕拉藏汗，和碩特蒙古統治西藏之第四代汗，顧實汗圖魯拜琥長子達延鄂齊爾汗之孫，父達賴汗。
〔註82〕第二號文檔作車凌達什。
〔註83〕屬內扎薩克蒙古烏珠穆沁部，《蒙古世系》表十六作塔旺札木素，車臣親王素達尼之子。
〔註84〕《清聖祖實錄》康熙四十六年七月辛未條載，以厄魯特羅卜藏西喇卜為散秩大臣。此人屬察哈爾。
〔註85〕《平定準噶爾方略》卷一頁十一作侍衛阿齊圖。

[6] 侍郎赫壽等奏報土伯特人生活等情形摺（康熙四十九年正月二十八日）[1]-1545

遣往西地侍郎奴才赫壽等謹奏，爲奏聞事。

拉藏汗感激聖主之恩，對奴才等甚爲和好，故伊福晉車棱達希長逝時奴才等亦隨其俗，熬茶誦經。再招地週皆環山，冬無大寒，週圍山上皆下雪，但招地一冬無雪，於去年十二月經數日大風後，厄魯特諸蒙古、土伯特人等、諸喇嘛及居住招地週圍人等俱皆咳嗽發燒，病人甚多，手腳腫疼者亦多，立春後始漸痊。又拉藏汗先遣之人尚未到策妄喇布坦處，據聞當地人言，哈薩克吞噬策妄喇布坦部下輝特人等，策妄喇布坦率師親征等語。又在招地，前卡齊、霍通等回子大商人行商，因第巴〔註86〕亂大商人貨物受損，故近數年小商人來，大商人仍懼而不至等語。又看得土伯特人懼法，生計安堵，所種者爲麥子青稞豌豆，去歲此三穀收成仍好，爲此謹奏聞。

侍郎奴才赫壽。

一等台吉奴才塔旺扎木蘇。

散秩大臣奴才羅卜藏希喇布。

頭等侍衛奴才阿齊圖。

奴才貢格吹桑噶隆。

奴才德木齊吉木巴扎木蘇噶隆。

郎中奴才德成額。

主事奴才劉格。

硃批，知道了，頒給爾之諭旨已於前請安摺內批發，不在此摺內重寫了，爾等從打箭爐所遣繪畫人奏疏已到。

[7] 議政大臣蘇努奏請准七世達賴喇嘛呼畢勒罕坐牀並頒給敕印摺（康熙四十九年三月十三日）[4]-17

議政大臣固山貝子兼都統臣蘇努〔註87〕等謹奏，爲請旨事。

臣等共同會議得，據派往西藏侍郎赫壽等奏稱，拉藏汗不僅畏懼皇上天威，並且極其感戴皇上隆恩，故亦極爲款待奴才等，尚對我等稱，我要

〔註86〕 今常寫作第巴桑結嘉措，《欽定西域同文志》卷二十四頁三載，桑皆佳木磋，初爲總管衛藏四屬第巴，即以第巴名封王爵，賜印，後得罪，爲拉藏汗所誅。

〔註87〕 《欽定八旗通志》卷三百二十一作滿洲鑲紅旗都統宗室蘇努。

奏請速封達賴喇嘛〔註 88〕。我等言稱，皇上敕令達賴喇嘛坐牀，達賴喇嘛年幼，尚未學習經法，觀察數年再封者係皇上尊崇黃教之意。拉藏汗稱，土伯特人悖亂，聖上一日不冊封達賴喇嘛，眾人之議論猜疑一日不休，如若從速冊封，儆於皇上威嚴，即便有人心存不滿議論，亦未敢滋事等語。觀拉藏汗之情形，唯有盡速冊封達賴喇嘛，彼方能安心。據探聽達賴喇嘛消息，人品敦厚，鑽研經法，並無惡習。再據班禪呼圖克圖稱，因照其所請令達賴喇嘛坐牀，並返還巴爾喀木地方貢賦，眾皆大爲欣感等語。班禪呼圖克圖奏書內稱，確認達賴喇嘛，照前奏令達賴喇嘛坐牀，並軫念〔註 89〕我等土伯特寺廟喇嘛等，將喀木地方仍前給還，感念不已，冊封達賴喇嘛名號，請照翊法拉藏汗所奏賜愛，格外施以利裨所有教眾之厚恩等語。拉藏汗奏書內稱，雖經聖上洞鑒，將達賴喇嘛照班禪、拉穆吹忠所驗，仍如前世坐牀，暫停冊印，嗣後再封，然教亦產生於皇仁，如今若不盡早冊封此達賴喇嘛，頒給冊印名號，此時人們猜疑者眾，虔篤者寡，其間變故難以逆料，不滿之人此間蓄意謀亂，須從實鑒別，方使佛教早一日得以振興，生靈早一日得以安貼，大皇帝冊封以後，於勤習經法亦善，相應請現即冊封，則大有益處等因。甘丹、色拉、哲蚌三寺眾僧奏稱，此六世達賴喇嘛〔註 90〕若蒙文殊大皇帝加以冊封，則於此處佛教振興，眾生安樂，甚有裨益，請照先前頒降綸音之例，將來此學習及作善事等處，格外頒旨恩准施行，請大皇帝不弃仁愛，永予垂鑒等語。

　　查得去年議政大臣會議奏稱，據班禪奏書內稱，五世達賴喇嘛呼畢勒罕之情由，經在三寶佛前祈禱驗實，確認此爲是，故而令其坐牀者，實與教眾有利，謹請仁者之尊頒旨垂鑒等因奏請。此喀木地方呼畢勒罕〔註 91〕坐達賴喇嘛牀，昭、甘丹、哲蚌等各寺眾僧爲大皇帝諷經，（原檔殘缺）極爲重要，彼等皆賴巴爾喀木地方差賦爲生，相應仍前收取差賦。達賴喇嘛名號至關重要，此呼畢勒罕年輕，經法操守尚不成熟，相應暫免照五世達賴喇嘛之例冊封，觀察數年再行確定，確認冊封後，再設立（原檔殘缺）之處，等因奏入，奉旨依議，欽此欽遵在案。臣等竊思皇上統馭眾生，不分內外，一視同仁，

〔註 88〕 指拉藏汗所立並爲清廷冊封之阿旺伊西佳木磋。
〔註 89〕 原文作轉念，今改爲軫念。
〔註 90〕 指爲拉藏汗所奉並爲清廷所封之第六輩達賴喇嘛阿旺伊西佳木磋。
〔註 91〕 指爲拉藏汗所奉並爲清廷所封之第六輩達賴喇嘛阿旺伊西佳木磋。

先前第巴〔註92〕假借達賴喇嘛之名獨攬西藏事務，多行不義，土伯特人眾生計盡失，爲聖明洞鑒，軫念土伯特眾生困苦，給予巴爾喀木地方差賦，各寺及土伯特眾生均得仰承聖上再生之恩，茲班禪額爾德尼、拉藏汗及甘丹、色拉、哲蚌寺眾僧皆感戴皇恩，奏請速封此達賴喇嘛呼畢勒罕，且侍郎赫壽等亦奏稱此達賴喇嘛呼畢勒罕人品敦厚，勤勉經典，無所惡習，相應即將此達賴喇嘛呼畢勒罕封爲達賴喇嘛，所頒冊印敕諭，免另派大臣官員賫送，交現來拉藏汗使臣達克巴齋桑等賫往即可，俟其抵達，侍郎赫壽等祗接封賞，所頒冊印由各該部照先前頒給五世達賴喇嘛冊印之例澆鑄給付，冊封達賴喇嘛之處，頒敕諭知班禪、拉藏、青海王台吉等，所頒敕諭由內閣撰寫，恭呈御覽，交班禪、拉藏之使臣格勒克仲内、達克巴齋桑賫往。頒給青海之敕諭派筆帖式一員送交侍讀學士二郎保，由二郎保前去交付王扎什巴圖爾〔註93〕等。

又查得先前拉藏汗使臣達瓦齋桑〔註94〕奏稱，倘准與拉藏汗一同辦事，可使青海人眾不疑，且大有裨益等因奏請。仰蒙聖上格外軫念藏地眾生，爲利裨大眾，特派侍郎赫壽等會同拉藏辦事，並非爲得土伯特地方而派，拉藏汗奏稱，達瓦齋桑捏稱其言具奏，派大臣等來雖屬大有益處，心術不正之人推諉於我，肇致事端，亦難逆料等因具奏，是故擬撤派往西藏大臣及喇嘛，該撤回侍郎赫壽等封賞達賴喇嘛畢，俟前去繪圖喇嘛官員〔註95〕等抵達時一同返回。

再先前拉藏汗來文內稱，請將益加尊崇振興甘丹、色拉、哲蚌、扎什倫布，扶持教法之處，降旨勒石爲碑，刻以勤勉扶佑黃教，悖旨而行者治罪等語，俟冊封達賴喇嘛已畢，請議政大臣等再將立碑事宜議奏等因具奏在案，現即已議定冊封達賴喇嘛，其立碑之處，擬俟赫壽等抵達再議，爲此謹奏請旨。

康熙四十九年三月十三日議政大臣固山貝子兼都統臣蘇努等面奏。

〔註92〕指第巴桑結嘉措，《欽定西域同文志》卷二十四頁三載，桑皆佳木磋，初爲總管衛藏四屬第巴，即以第巴名封王爵，賜印，後得罪，爲拉藏汗所誅。
〔註93〕《蒙古世系》表三十七作達什巴圖爾，顧實汗圖魯拜琥幼子，即第十子。
〔註94〕第二號文檔文作達瓦齋桑哈什哈。
〔註95〕《大清一統志》（嘉慶）卷五百四十七載，康熙五十六年遣喇嘛楚兒沁藏布蘭木占巴、理潘院主事勝住等繪畫西海西藏輿圖。《平定準噶爾方略》卷八頁十六作喇嘛楚兒沁藏布喇木占巴。此處爲康熙四十九年，是否即五十六年所遣之喇嘛官員，待考。

奉旨，先前致達賴喇嘛以敕諭，寫作致，現免寫致，寫成降，先前頒給達賴喇嘛之印，寫普通瓦赤喇怛達賴賴喇嘛之印，現頒此印寫敕封六世達賴喇嘛之印，再立碑之事，先前因令大喇嘛坐達賴喇嘛之位，曾擬立碑禁止，現達賴喇嘛在世，免立石碑，著將此咨文侍郎赫壽等，餘依議，欽此。

[8] 四川巡撫年羹堯奏爲條陳川省急宜舉行之五事摺（康熙四十九年二月二十三日）[2]-632

硃批，向日風聞川省如此，未知其詳，覽奏摺方知是眞，爾封疆大吏祇得始終固守做一好官，此朕之深望也。

奏，四川巡撫臣年羹堯謹奏，爲川省情形仰祈聖鑒事。

竊臣以一介庸愚，三世受恩，少有犬馬知識，自當竭力圖報，庶幾上不負皇上高厚之恩，下可盡臣父未盡之志，奉命撫蜀以來，凡川省利弊應行應革，皆臣責任，亦臣職分，所能爲者，何得溷瀆以勞聖慮，但川省受累已深，積弊多端，私派多於國課，差徭倍於丁糧，十府二十二州九十三縣，一切上司節禮，過往欽差路費，以及巡撫布按兩司、道府或陞任或以事故去官者，舊官有路費之派，新官有鋪設衙門之派，無不出於百姓，如前撫臣能泰〔註96〕在蜀七年，遇瀘定橋掛匾官來通省派銀八千兩以爲程儀，去年撫臣起身入京又通省派銀五千五百兩以爲雇騾之用，撫臣衙門有筆帖式三員（硃批，聲名不好）一無所事，驕橫無禮，自布政司以下至州縣皆送伊節禮，無非竭小民之脂膏供官吏之揮霍，指一派二，無有忌憚，未盡訪聞，難以枚舉，其不至於百姓流離者，賴我皇上如天之福，連年大有，米麥收成之故耳，臣自去年十二月十五日到任後不十餘日便知川中大概情形，胸膈焦悶，爲之傷心，但自恨才識短淺，不能一舉百當，惟有不收節禮，甘心淡泊以絕徇庇，通行牌票，嚴禁私派，司道府縣有不肖者，訪實款蹟，陸續糾參，茸闒之後，非嚴屬不足以振作官方，至有應行事宜不可少緩者，臣謹臚列於後，爲我皇上陳之。

一道府之宜揀選也，如道府果能潔己守法則下無貪吏，勤敏廉幹則事無廢馳，近來川省州縣遇有戶婚田土事件，動輒數年不結，非有勒索即係偷安，皆道府不能飭查之故，嗣後川省道府缺出，伏乞皇上特簡賢能，令其効力，或臣有眞知灼見之人，許臣題請補用，少有涉私，甘受誅戮。

〔註96〕《清代職官年表》巡撫年表作四川巡撫能泰，康熙四十三年至四十八年任。

一州縣之宜量調也，查川省地方遼闊，耳目難以周及，所賴州縣得人，因地設法，近來開墾一案，隱熟為荒，指荒作熟，土著與新民年年爭訟，皆由州縣不肯親行踏勘，查明四至入冊承糧，以至搆訟不清，或安插一戶，勒有使費銀錢，以至田荒賦少，或遇人命重案，概不審結，聽其賄和請息者甚多，以至百姓勇於私鬥，總由州縣治有難易，才有長短，伏乞皇上准臣量其才具，斟酌調用，則地方事情漸次整理，實為川省之急務。（硃批，此調用之法，非久遠行的，不必具題）

一川省効力之例宜止也，凡効力四省者，本以選補，無期之人，游食京師，蒙皇上格外施恩，令其掣籤來川，隨到食俸，原謂伊等家道殷實，預發候補，不致懸缺待人，而近日効力之員無不逾限一二月然後到川，寓居省城，日惟飲酒拜會，借債作樂，及實授地方，以官為救貧之計，陋習相沿，不思効力謂何，惟知坐食邊俸以待陞遷，通省百姓何所賴焉，伏乞皇上停効力之例，仍歸部選，到任違限，嚴其處分，誰不自愛以遵功令。（硃批，具題）

一包佔差糧之宜嚴禁也，凡紳衿貢監，念係名器所關，優免丁差，正宜安分守法以為四民之領袖，乃川省田既無多，戶口未繁，而每州縣紳衿貢監，少者不下百餘人，其弟兄子姪親族一概影射，借名抗納錢糧，甚有無知百姓，投充名下，竟不納糧當差，一州一縣之差糧，止餘有限，孤弱百姓，俯首承辦，是以糧有輕重不等，差有勞逸不均，而紳衿貢監更復串通衙蠹鄉約人等，吞噬小民，擅興詞訟，官吏畏勢，處處皆然，臣現今不時申飭，自當從公執法，不顧嫌怨，以清積弊，因是川省陋習，不能不先為我皇上告之。（硃批，具題）

一打箭爐部差之宜撤也，臣自去年十二月初三日入境以後茶商告狀者約二百人，問其情由，皆云販茶入爐國課無多，稅官家人上下勒索數倍於正稅，以至茶商遠遁，土民受害等語。臣更訪聞得稅官每因私分羨餘不均，搶奪娼妓蠻婦，扭打爭鬧，甚失體統，臣蒙皇恩，凡有所知，自當傾心吐露，即肝腦塗地以報，亦所不辭，伏乞皇上於稅差報滿時令部臣詳議，或令總督殷泰〔註97〕議奏，添設同知一官，料理稅務，宣慰蠻彝，則邊末小民，得以休息，增課通商，實出皇上如天之仁矣，茶商原詞附呈御覽。(硃批，此一件當參）

以上五條皆臣日夜思維，急宜舉行者，地方重任，固在巡撫一官，而分憂代理，實賴賢能道府以為之佐，欲為地方興利，必先為地方去害，不揣冒

〔註97〕《清代職官年表》總督年表作川陝總督殷泰。

昧，輒敢陳說煩擾聖衷，所恃者聖主非常知遇，無可報稱，凡事竭力籌畫，奉命而後行，庶不至有傷用人之明，伏乞批示，以便詳悉具本奏聞。至通省官員臣雖未曾盡見，而查閱舊案，細訪民情，止有提學道陳璸一人考試公明，一塵不染，將來自是爲皇上出力之人，布政司卞永式貪劣無能（硃批，一點不錯），臣以到任不久未得確實款跡，伏乞皇上特旨革斥，以張乾斷不測，則通省官吏咸畏法知警矣。緣係密奏摺子，臣自繕寫，不敢使一人得知，謹遣家人魏之耀賫奏，其字畫潦草，文理疏謬，伏乞皇上格外恕臣，臣不勝悚惕待命之至。

康熙四十九年二月二十三日具。

硃批，原狀發回。

[9] 理藩院奏報郭莽喇嘛圓寂等事摺（康熙四十九年五月二十八日）

[1]-1593

理藩院謹奏，爲請旨事。

竊照員外郎巴福壽〔註98〕呈稱，以郭莽喇嘛患病等因具奏，奉旨，准郭莽喇嘛住張家口外牧地，俟朕回鑾，再准來京城，派理藩院章京一員住彼照顧之，欽此欽遵。派我去接郭莽喇嘛，於五月十六日至昂古里地方，因郭莽喇嘛不能前行而歇宿，於本月二十二日戌時圓寂，據其徒弟額爾克溫沖等言，我喇嘛遺言我圓寂後火化等因，若蒙憐憫，准予火化等語。時值暑熱，除將郭莽喇嘛遺體交付其徒弟等火化外，將郭莽喇嘛骨殖及其徒弟等安置於何地之處，俟由部具奏，行文前來時敬謹遵行等語。查前臣部議奏，郭莽喇嘛與里塘地方人反目相戰，又與青海人不和睦，若遣之去黨塞爾騰，妄啓釁端，亦未可料，既然如此，則將在黨塞爾騰之六百戶人，從里塘地方移來之善朱特巴等二百人及郭莽喇嘛自身一併移居歸化城，從里塘地方移來之善朱特巴等衣著單薄，牲畜疲瘦，若不令善朱特巴等歇息即移往歸化城則不可，請令善朱特巴等暫於黨塞爾騰一帶安居一二年後再行遷移之，今既暫不令伊等遷移，則欲遣章京一員照管等因具奏。奉旨，依議，欽此欽遵在案。今既員外郎巴福壽稱郭莽喇嘛於五月二十二日圓寂，其遺體交付其徒弟等火化，則咨行員外郎巴福壽，將郭莽喇嘛骨殖暫且安放於口外某地，將其現隨行徒弟額爾克溫沖等帶來京城，仍令住原住所崇國寺，至於彼等在黨塞爾騰之人等移

〔註98〕《平定準噶爾方略》卷六頁十八作員外郎巴福壽。

歸化城來時遣額爾克溫沖等往歸化城，與其同夥合居，伊等前往時將郭莽喇嘛骨殖帶去可也，爲此謹奏請旨。

硃批，朕將與爾等面議，等罷。

[10] 四川巡撫年羹堯奏請准許收受羨餘以資闔家溫飽摺（康熙四十九年九月二十六日）[2]-743

奏，四川巡撫加三級臣年羹堯謹奏，爲仰懇聖恩事。

竊臣自去年十二月十五日到任以後，因川省向有私派積弊，極力禁革，以求地方寧謐，何敢慮及私事，今通省州縣畏法自守，吏民相安，其有敢蹈故轍者，一有訪聞，斷不少加容隱，以害百姓。但臣在四川凡有所行若不奏明，此心終不自安，四川布政司衙門每年平頭羨餘有送巡撫四千兩之數，按察司管理通省鹽茶羨餘亦有送巡撫四千兩之數，臣尚未曾收受，然實不敢矯情沽譽，伏乞聖恩准臣取用，是臣之闔家百口飽暖有資，撫標兩營操資不乏，則沾皇仁者不獨在臣一身，此外仍有貪婪無狀之處，是臣既不自愛，並負皇上知遇之明，期望之恩矣，緣臣不敢一事欺隱，故將此等私情瑣瀆聖聰，臣不勝悚仄之至。

康熙四十九年九月二十六日具。

硃批，是，知道了。

[11] 四川巡撫年羹堯奏陳川康交界各族土司生事真實緣由摺（康熙四十九年九月二十六日）[2]-744

奏，四川巡撫加三級臣年羹堯謹奏，爲番蠻情形事。

竊臣於本年又七月十七日接到部文，因番蠻殺死冕山營遊擊周玉麟一案，議以巡撫前往查審，提督前往招撫，奉旨依議，巡撫亦着前去，欽此。臣即於七月二十八日起程前往，已經題報在案，臣於八月二十二日抵寧番衛，聚齊案內應審官弁，親審此案情由，並會同提督臣岳昇龍勒獻凶首，事畢於九月十七日歸抵成都，其回署日期查審事情已另疏具題外，但臣自念受恩深重，凡地方情形目所親見，身所親到，本章之所不能詳悉者，無不可爲我皇上告之，查四川自雅州以西至打箭爐，南至建昌皆深山大菁，漢蠻雜處之地，番蠻族類不止數十種，本朝定鼎六十餘年，番蠻率皆畏威懷德，無敢橫肆，但土司民人舊有宣撫司宣慰司千戶百戶管轄，部落亦有自立耆宿頭人聚處山谷者，康熙四十年平定打箭爐後，而雅州以西各土司悉就招撫，查所管四至界，人戶清冊，蒙皇上聖恩給以號紙頒以印信，或貢馬或輸糧，雖徵納有限，亦足存遠人貢賦之意，至於一切偷牛盜馬之事，皆有所責承，建昌一帶土司彼時未及料理，番蠻固自以爲無所統轄之人，而建昌所屬周圓數千里，止有巡道一員，其餘皆係營弁鎮斯土者，果能訓練兵馬，嚴明威信，何至番蠻有事，而數年來總兵遊擊以下等官，既以土司爲可魚肉，或牛羊或雜糧任意搜搶，索取無厭，此等土司既無印信又無號紙，其情不得直達於巡撫提督，間有偷盜綁掠之事，而各營將官不能執法窮究，及日積月累百姓呈訴紛紛，其辭未免過甚，又不據呈轉詳，遂擅興兵馬，不察地利平險深入蠻穴，以致有冕山周遊擊被殺之案，雖釁起有因，實非番蠻敢於橫肆，亦情極而反嚙者也，臣初到任提督岳昇龍首以此事與臣商酌，云建昌土司未曾查明，請給印信號紙使有責承，終是未妥之事，今年二月遂有此案事情，各種番蠻實有疑懼之心，奉旨着臣與提督前往，一路所過先行曉諭宣佈皇仁，而高山深箐各種番蠻咸來道左迎接，踴躍歡欣，情願開明界址戶口，認納雜糧共數千石，亦深見其向化之誠，臣已令建昌道盧詢隨同提督造具清冊，俟核對明晰，另疏會題時伏乞皇上賞以號紙印信，使凡事有所責承，准其納糧，漸以禮義化導，與內地百姓同爲朝廷赤子，又何漢蠻之分。

臣蒙聖恩令臣前往，凡遇官員紳衿百姓無不細加訪問，得知從前情由，查審之際若追究已往，繕入奏疏，則國法無可赦宥，又恐番蠻從此驕縱，後來將官難以彈壓，是以就案結案，若不以密摺奏明，則太平盛世番蠻敢與官兵抵敵，互有殺傷，因此上凟聖懷，則臣不以實告之，罪無可贖矣，外地圖一張，原非建昌所屬全圖，止是冕山營遊擊所分汛地，繪畫呈覽，以見遊擊周玉麟不察地利，深入蠻穴，致官兵被害情由，謹附奏聞。

康熙四十九年九月二十六日具。

硃批，知道了，此議論甚好，地圖發回。

[12] 理藩院奏請傳諭青海王札席巴圖魯知悉摺（康熙五十年正月十八日）[1]-1678

理藩院謹奏，爲請旨事。

竊照青海親王札席巴圖魯〔註99〕疏言，老親王謹奉如天至聖大皇帝明下，自前准我覲見至聖大皇帝以來，至今仍愛我如子，除大聖主之外，於我

〔註99〕《蒙古世系》表三十七作達什巴圖爾，顧實汗圖魯拜琥幼子，即第十子。

別無異念，然據聞中間人來往譖奏等因，是以我念如何報答至聖大皇帝愛撫之恩，爲鞏固大聖主御座，正勤誦經典不已等語。此疏於康熙四十九年十二月二十三日交付乾清門頭等侍衛祁里德〔註100〕等轉奏。奉旨，交該部議奏，欽此欽遵。

臣等議，據青海親王扎席巴圖魯疏言，除大聖主之外，於我別無異念，然據聞中間人來往譖奏等語。查王扎席巴圖魯自投順聖主以來，待之以禮，並無他念（硃批，自始迄今並無事，此其知之也），聖主躬理天下事，[無有偏心]（不分親疏），俱秉公辦理，不納抬舉、誣謗之言，俟降旨時將此情由，欲移咨王扎席巴圖魯知會，爲此謹奏請旨。

[13] 四川巡撫年羹堯奏報提督岳昇龍兩目病發摺（康熙五十年四月初十日）[2]-834

奏，四川巡撫加三級臣年羹堯謹奏，爲提臣病目事。

竊查四川提督岳昇龍左目向已失明，忽於去年十二月內陡患右目紅腫，流水不止，延至今歲正月遂雙目不見，臣以提臣久任川省，熟悉邊疆，即臣之得知羌蠻情形，皆平日聞之提臣所說，此實武臣中之深曉邊情者，雖右目昏翳，而眼輪紅腫未消，猶望其可以痊復，又提臣親向臣云已於正月二十八日將患目病症自行具摺奏聞，是以臣未敢再瀆，今於四月初十日臣親往看視，見其身體瘦弱，兩目不見，醫藥無效，竟成瞽者，臣既與同城，且提督全川兵馬，責任重大，惜以如此提臣，兩目病廢，臣不敢不以實奏聞，伏乞睿鑒施行。

康熙五十年四月初十日具。

硃批，提督久任封疆，名望甚大，可惜兩目失明，已難做官，但本人不曾具題，等他具題時自有溫旨，此摺斷不可令人知道。

[14] 四川巡撫年羹堯奏請陛見摺（康熙五十年六月十二日）[2]-889

奏，四川巡撫革職留任戴罪効力臣年羹堯謹奏，爲臣心不能自安，具摺奏請批示事。

竊臣於本年四月初十日因摺奏提臣岳昇龍目疾一事，於六月初十日家人捧摺回署，隨恭設香案，九叩開讀後，仍行封固，凜遵聖諭，不敢使一人得知。又因摺奏春麥收成事，蒙聖批，知道了，十分搬運，亦該留心。是普天

〔註100〕《平定準噶爾方略》卷一頁十五作散秩大臣祁里德，此時爲侍衛，爲同一人。

之下，悉在聖明照鑒之中，臣已於去年十二月初一日出示暫禁搬運，於今年四月初七日開禁，米價已平，但每年正二三月青黃不接，或七八月新穀初登，必酌量暫禁搬運，米價不至於騰貴，因係臣職任專主之事，未敢敘入前摺，恐瀆聖懷，今併奏明。獨是臣家人回署，臣得備知聖主因天時亢旱，晝夜焦勞，以致不安寢膳，今恭覽御批書法精健，神氣完足，自是聖躬復舊，起居如常，乃屢頒上諭，諄諄誥誡，惟恐諸臣有秉心奸惡，援私立黨之人，聖主神明在上，自有廣運，臣何能仰測高深，但臣以寸草微誠，每思竭力報答雨露深恩，恭聞聖體違和，臣身在邊疆，心戀闕廷，寢食不寧已兩晝夜，謹遣家人嚴泰賚摺恭奏，伏乞聖主將寢膳如常，步履輕健，肌體豐儉之處明白批示，以安犬馬之心，至川省連年大有，百姓安樂無事，俟有新任提督到任之後，伏懇聖主准臣一面具本一面馳驛赴京陛見，使臣得瞻仰聖容，並陳川省應行事件數條，跪聽聖訓，仍馳驛回任，往返不過六十日，公事既可不誤，而臣一腔戀主之心得以少釋，伏乞恩允批示遵行，臣不勝激切待命之至。

康熙五十年六月十二日具。

硃批，朕起居飲食早已全安了，爾欲陛見所奏數條，寫摺奏聞，不必請陛見罷。

[15] 四川巡撫年羹堯奏陳川省文武官員捐俸助還提臣所欠庫銀摺（康熙五十年八月一日）[2]-915

奏，四川巡撫革職留任戴罪効力臣年羹堯謹奏，為提臣虧欠庫銀事。

竊臣於康熙四十八年十二月十五日到任後，盤察藩庫虧空銀三萬九千二百八十兩，查係提督岳昇龍自康熙四十一年起至四十八年止，於巡撫貝和諾〔註101〕、能泰〔註102〕，布政司高起龍、于準、何顯祖、卞永式任內陸續具有印領借去，臣即面問提臣，云歷年借銀採買木植販往江南貿易，已令家人收取還庫，臣以此銀既有着落，自可漸次清楚，延至今年春間向提臣追取此銀，始知前日貿易之語盡係支吾之說，臣竊思庫銀毫釐不可擅動，文武瞻徇情面，任意借領，忘庫銀為國帑，今既無着落，例應令借銀之人與守庫之人變產分賠，始足以杜虧空之弊，而前任巡撫布政司大半皆解任病故，提臣効力年久，又以病廢，借銀之時隨手用去，變產之日惟覺苦難，臣若題明徒勞聖懷，是以竭力追取，提臣已還銀五千兩，各鎮協營將弁因提臣不能完銀，除本人坐

〔註101〕《清代職官年表》巡撫年表作四川巡撫貝和諾，康熙三十九年至四十三年任。
〔註102〕《清代職官年表》巡撫年表作四川巡撫能泰，康熙四十三年至四十八年任。

糧仍留過活外，情願捐今年秋冬兩季，明年春夏兩季俸銀代爲還補，共銀二萬四千兩，其餘銀一萬兩有零，臣率川省文官自府道以上捐俸助還，臣實因我皇上駕馭武臣，恩威並用，使天下披甲荷戈之夫無不感激効力，前以提臣目疾奏明，仰蒙聖主不以臣爲不肖，詳悉批示，使臣得知聖主始終曲全武臣之意，提臣岳昇龍所欠庫銀，伏乞聖主批允准臣所奏完結，臣當親到提臣處宣示聖主如天之恩有加無已，使伊沒齒不忘，並以鼓勵天下之凡爲武臣者，是聖主既施恩於病廢之老臣，而庫帑又不致有虧空，臣叨被殊恩，復得全文武和衷之義，至庫帑重大，兩年以來不行奏聞，自蹈隱庇之罪，伏望聖恩格外恕臣，臣不勝惶悚待命之至。

康熙五十年八月初一日具。

硃批，照你所奏完結，甚妥。

[16] 四川巡撫年羹堯奏爲條陳川省應行七事摺（康熙五十年八月二十六日）[2]-927

奏，四川巡撫革職留任戴罪効力臣年羹堯謹奏，爲勉竭愚忱以盡臣職以報聖恩事。

竊臣於本年八月二十二日接到家人嚴泰捧回摺子，至署恭設香案，九叩開讀聖旨，朕起居飲食早已全安了，爾欲陛見，所奏數條用摺奏聞，不必請陛見罷。臣伏讀之下得知聖躬全安，不勝歡忭，臣奏摺內有新穀初登之穀字，訛寫爲谷字，蒙御筆硃點，使臣知覺，臣固有草率之罪，而因此益見聖主精神完足，無微不周，臣更不禁雀躍，至臣所欲奏者，實因我皇上御極五十年來，神明獨運，普天受福，臣於此時理宜安靜無事，不應更有條陳，獨是四川情形較之各省確有不同，兵燹之後一切事宜概從簡略，今生齒日已繁衍，田土日已開闢，而經制未復，賦稅未增，協餉未免，積貯未備，商賈尙未輻輳，獄訟尙未減少，籌畫之道，所宜急講，臣自受恩撫蜀以來未敢一日偷安，凡臣職分以外之事臣不敢言，職分以內之事臣不敢隱，惟有隨地求才，因時設法，就川言川，以圖仰報萬一，但臣自建昌歸後飲食日減，胸膈發脹，漸於水土不安，恐不能久留川省，因此凡有見聞所及，思慮所到，苟有利於地方者，晝夜不去於懷，故求面奏以盡委曲，今既奉聖批令臣具摺，敢不披瀝愚衷，按款奏聞，祇是臣才疎識淺，語不宣心，其應否之處伏乞聖訓指示愚迷，以便具本逐件分晰題請，所有事件謹條列於後，每條空紙數行，仰候御批。

一有司之宜勸懲也。任土作貢，糧隨田起，普天之下，莫不皆然，四川錢糧原額不下二百萬兩，今通省田地開至十分之五六，而錢糧不及原額十分之一，隱漏已屬不可，而有田無糧，強佔弱謀，是以川省命案因田起釁者十之八九，此風尤不可長，臣於陛辭時跪聆天語軫念川民，首言及此，已洞照萬里之外矣，臣自到任後漸次曉諭，宣佈聖主福德，今年自首錢糧幾及三萬兩，現在造冊，蓋私派行而官為民制，不得不聽其隱漏，私派革而官借首糧之名需索民錢，以致首報無多，其罪不盡在於百姓，故一二上司日為催查，不若州縣之人人自為鼓勵也，臣請以康熙五十年為始至康熙五十四年，此五年之內州縣果能使民不擾，勸民首糧至原額之五分四分者，不論俸滿即陞，至原額三分二分者，准以邊俸論陞，若不及十分之一者，即以才力不及降調，若無毫釐增報者，照罷軟例革職，人固有才有不才，而功名得失之心則無有不同，州縣清廉首報必多，州縣不肖隱漏必多，一勸一懲，不勞而辦，若錢糧已足原額，無可加增之州縣，與田地開墾未多之州縣不在勸懲之例，統容臣於具題時詳悉開載一冊送部，按年查核，至本年勸民首糧，如蓬溪縣知縣徐續功才守兼優，委署遂寧樂至兩縣印務，勸民首糧報墾，共增銀八千餘兩，立法之始必先鼓勵，伏乞皇上准臣題請，以蓬溪縣知縣徐續功遇應陞之缺即用，以示獎賞，臣因錢糧起見，仰邀聖恩，即以國家之賞罰勸懲四川之官吏，如此而錢糧不增，協餉不免，爭訟不少減，官吏不知功，是臣上負聖主，下甘罪愆矣。(硃批，該具題）

一積貯之宜預備也。查川省屆在西陲，四面環山，舟車不能處處皆通，連年大有，運販米穀出川者不可數計，是吳楚歡收資食川米，川省歡收吳楚之米斷不能逆流而上，且各營兵米例給折色，若遇水旱無處可買，邊防要務，此為第一，臣愚以為成都府應貯米八萬石，松潘建昌兩鎮各貯米一萬石，敘州府接壤烏蒙鎮雄，為黔省要路，應貯米一萬石，雅州為建昌打箭爐咽喉，應貯米一萬石，重慶一府上接川北下連夔郡，應貯米三萬石以備需用，第川省每歲兵餉尚賴協濟，應否開捐貢監本例以實邊儲，查本省常平倉，捐監者寥寥無幾，數年尚未足額，必通行各省一年之內十五萬石，計可完滿，川省郡縣俱無倉厫，捐米一石加銀五分，以為造倉之費，責令各道府經管，每歲春夏出陳三分，秋季買補，以防霉爛，地方無事原不宜多開捐納，而貢監一項，仍是常平倉之法略為擴充，非捐官可比，如蒙允行，另疏分晰貢監米穀數目具題，以聽聖裁。(硃批，現閩省捐米，此一件同總督商量）

一錢法之宜流通也。竊惟商賈不聚，則賦稅不增，國寶行而民用足，鼓鑄開而邊餉充，此自然之利也，查康熙八年奉部通行議開鼓鑄，直隸各省無不遵行，惟蜀省當日戶口寥寥，商賈鮮少，未經開鑄，迄今四十餘年，蒙我皇上深仁厚澤靡不沾被，川省已非昔日情形，兵民之日用零使，鄉農之貨物交易，咸以制錢爲便，而成都省會之區不滿千貫，外州遠縣並有不知制錢爲何物者，因時制宜鼓鑄爲不可緩，但向來鼓鑄之弊，內有部費，外分羨餘，以至銅少鉛多，錢輕易壞，壅滯不行，伏乞敕部酌撥錢本銀十萬兩，即於省城開設爐座，恐日久弊生，惟以二年爲限，查照寶源、寶泉定例，每年扣一分之息，貢院暫作錢局，地方宏廠，實爲妥便，臣委員不時嚴查，核其浮冒，每錢務重一錢四分，每千可得八斤十二兩，銅六鉛四，輪廓分明，所鑄製錢除山高路險不通舟楫外，其餘各營兵餉及官役俸工驛站祭祀等項，概以銀七錢三搭放，此錢仍許通行各省，二年之內扣補錢本，統存司庫，留充撥餉，至需用銅鉛，聽商自備工本，就近採用，照例抽分，鼓鑄停日仍行禁止，既省採買之煩，兼獲自然之利，不惟兵民稱便，商賈輻輳，而於邊餉亦不無少補。（硃批，具題）

一復設鋪司以便遞送公文也。竊查川省先因人民無幾，事務簡少，是以鋪司未經復設，上下公文皆付塘兵遞送，偏僻州縣役使小民，而蜀地綿亙數千里，州縣繁多，各標分汛撥兵無幾，如夔州遵義兩府文書至省，每至隔月，甚有倩托路人順便帶送，不能如式包封，擦損紙袋，緊要事情私行拆閱，官未及知，道路傳播，此因無專責之所致也，伏乞俯照各省之例，一體復設，倘以兵餉未敷，臣當力爲清理，務使錢糧增益，以充經制之費，其現設鋪司工食止給一半，俟錢糧足用之時再行全給，則公文無疏失之虞，官吏免遲延之咎，倘蒙恩允，以便通行各屬確查定議，至日核冊具題，恭候睿裁。（硃批，具題）

一復設州縣以期有濟民生也。臣查川省舊設一百三十五州縣，先因田土拋荒，歸併二十縣，俱應仍舊，無庸更設，惟重慶府屬之合州歸併銅梁、定遠、安居三縣，順慶府屬之廣安州歸併岳池一縣，以致兩州幅幀遼闊，長亙四五百里，不惟命盜案件鞭長莫及，而小民赴州完納錢糧路程窵遠，跋涉甚苦，臣請復設銅梁一縣，兼管安居地方，其定遠仍歸合州，岳池仍復一縣，如此則事有分任而易爲理，果於百姓有益，俸工役食辦給不難，其衙署止須修理，臣自當量行捐給，不煩部議區處也。（硃批，具題）

一改易郡縣以化邊徼風俗也。臣查建昌所管地方，止有衛所而無州縣，緣以前朝屯田於此，故用武弁，今兵民既分，仍以守備千總料理地方，是捨其弓馬技勇之所長而用其刑名錢穀之所短，一有不合，動罹參處，殊屬可憫，茲統計建昌地方南北相距一千三百里，現有通判一員，衛守備五員，所千總八員，莫若改設建昌府知府一員，府經歷一員，五衛改為五縣，五縣各設一巡檢，仍駐於各所地方，以便稽查匪類，其黎州所地方南北相距一百八十里，較他所為獨大，又為建昌打箭爐分路之處，莫若仍設知州一員，吏目一員，其通判守備千總竟可裁去，守備千總即留川省，遇有缺出考驗補用，其會理一州現在知州一員，無所統屬，莫若就近歸東川府管轄，以便事有責承，是裁官十四，改官十四，於經費未嘗多增，而文武各得其用，更有請者建昌地處極邊，兼多煙瘴，若改設建昌府，應照東川府之例定為題缺，其改設知縣，亦於本省內揀選調補，三年無過准予應陞，則人人知奮，而地方不患無起色矣。（硃批，具題）

一開採之宜奏明也。臣查建昌會川衛地方有分水礦一處，前撫臣能泰奏請開採，旋奉部文封禁，臣自到任以來，極力申飭，嚴行封禁，雖營衛各弁出有印結，而臣密訪彼處尚有千人偷挖，官兵驅逐隨散隨聚，蓋利之所在性命為輕，即設兵彈壓，而看守之人即行偷挖，銀礦一開勢難禁止，必至洞老山空，不逐自散，臣既知此情形若不奏明，則煌煌功令竟敢掩飾，倘以知情之罪問臣，貨利之所在，臣有百喙不能自明，且其地並無居民墳墓，亦無關於風水，五金八石日用所需，滇省現有開採課稅，與其偷挖難禁，不若抽取以充公用，若以此自然之利陸續修理川省緊要城垣，其為利益亦甚不小，臣不敢隱匿，據實奏明，伏候聖裁。（硃批，具題）

以上七條皆川省應行之事，除貪虐而拔才能，革積弊而興利益，此巡撫之責也，臣每有題請，不經部議輒蒙俞允，聖主賜臣一分體面，臣惟加十分恐懼以圖仰報，臣於此時尚欲避嫌遠忌，知而不言，我皇上如天之恩臣有何福消受，所賴聖主一人之知，憐臣無私，故敢竭蒭蕘之見彙為一摺，煩瀆聖聰，倘得次第舉行，使吏治民生少有改觀，是臣身雖去而法已行，事雖行而心未盡，區區之誠，無有已時，臣實不勝引領北望待命之至。

康熙五十年八月二十六日具。

[17] 四川巡撫年羹堯奏爲積貯之疏督臣自稱不便會題情由摺（康熙五
十年十一月二十八日）[2]-992

　　奏，四川巡撫革職留任戴罪効力臣年羹堯謹奏，爲披瀝愚悃，仰祈睿鑒事。

　　竊臣以菲才陋質，不勝重任，夙夜恐惶，勉圖報稱，故偶有芻蕘之見皆
具摺懇求聖訓指示遵行，庶幾不致舛謬，本年八月二十六日臣有條陳七件具
摺奏聞，八月二十九日總督殷泰會審到川，與臣商及川省錢糧，臣即將摺內
情節據實告訴，及十一月初九日捧到摺子內勸懲官吏一條，奉御批，該具題，
欽此，臣即繕疏於十一月二十日具題在案。又預備積貯一條，奉御批，現聞
省捐米，此一件同總督商量，欽此。臣於十一月二十四日至寧羌州即將積貯
一條與總督面看，總督殷泰向臣云勸懲官吏本內請將蓬溪縣徐續功議敘之
處，我不便會題，我自行具奏，積貯一事，我亦自行具奏。伏念臣受督臣節
制，理應靜聽，但臣因錢糧起見，請將增銀八千餘兩之蓬溪縣徐續功從優議
敘，以示鼓勵，其可否自有聖裁，是以一面具題一面會稿，今督臣既稱不便
會題，而臣本內有合詞字樣，例應檢舉，又恐章奏繁多，兼傷大體，臣不得
已具摺奏明。再積貯兵米原爲地方久遠之計，蒙批同總督商量，今督臣自行
奏聞，其作何覆奏，及再奉天語指示督臣摺內，令與臣捧讀，則此一件或行
或止，臣得有遵守，皆聖恩所賜，至臣歷來奏摺，皆臣親手繕寫，庫銀積貯
兩件臣亦不敢向人洩漏，緣係奉旨密商事情，倘有不密，與臣無干，臣畏罪
心切，自知煩瀆，不得不一併聲明也，臣實不勝戰慄之至。

　　康熙五十年十一月二十八日具。

　　硃批，是，知道了。

[18] 理藩院奏請議定六世達賴喇嘛使臣待遇摺（康熙五十一年二月二十
日）[1]-1867

　　硃批，依議。

　　理藩院謹奏，爲請旨事。

　　西土翊法恭順汗拉藏〔註103〕叩奏於逸安天下眾生之皇帝足下，爲逸安道
法生靈事。

　　恭聞皇帝金躬安好，不勝歡忻，奉命作事之賤軀，依賴聖主及二神之福，
身安無恙，派往恭請聖安之堪布囊素等，於正月前難以抵達，僅因去歲使臣

〔註103〕即拉藏汗，和碩特蒙古統治西藏之第四代汗，顧實汗圖魯拜琥長子達延鄂齊
　　　　爾汗之孫，父達賴汗。

甚久，直至十月方歸，雖從速派出使臣，則於正月前實難抵達，恐如斷使，是以先派噶勒圖前往具陳緣由，繼之即派大使臣前往，不侫依恃皇帝慈恩復奏，恩賞達賴喇嘛〔註104〕使臣之盤纏等物，不及前世達賴喇嘛之使臣豐厚，因此懷有惡意之人，以此爲把柄，妄言現世達賴喇嘛之法教不及前世達賴喇嘛等語，怪罪尋隙，未可預料，若蒙將大皇帝無窮之恩施與我等少許，則甚有裨益，伏乞皇帝睿鑒，恩准照前爲之，荷沐皇帝仁恩，道法亦廣普，生靈逸安，將現世達賴喇嘛應徵喀木地方城人之正賦，去歲已由使臣盡取而給與之，其少許未繳者，青海台吉等現正在議，倘不繳亦無法，惟奏聞皇上耳。又據住我阿里地方之人呈文內稱，策妄喇布坦之百餘人進入我阿里地方後，有八十人開赴沙札干地方，二十人返回其原處等語，因不明其緣由，我等嚴加防範，懇請慈悲不棄，常頒溫旨如流水不斷，禮物數目另行繕寫等語，該文於康熙五十一年二月初八日交付侍衛阿齊圖等具奏，奉旨，知道了，欽此欽遵。

臣等會議，據拉藏汗奏稱，恩賞達賴喇嘛使臣之盤纏等物，不及前世達賴喇嘛之使臣豐厚，因此懷有惡意之人，以此爲把柄，妄言現世達賴喇嘛之法教不及前世達賴喇嘛等語，怪罪尋隙，未可預料，若蒙將大皇帝無窮之恩施與我等少許，則甚有裨益，伏乞睿鑒，恩准照前爲之等語。查得頃據駐西寧員外郎瑪喇噶來報，達賴喇嘛使臣展參堪布等一百九十餘人，行李四百餘將至，咨請照前賜給驛馬車輛等語。臣等衙門以將此次前來之使臣等，若照五世達賴喇嘛之例迎接，則人甚多而煩瑣，照四十九年迎接來使堪布喇嘛等人之例，委派章京一員赴西寧，酌情准使臣展參堪布、囊蘇等乘驛，其行李亦撥給驛馬馱來，其餘同夥及牲畜等物留於多巴等地等語，奏准施行在案，聖主爲道法，特降旨頒金印冊封六世達賴喇嘛〔註105〕，將此達賴喇嘛所差使臣，遣員乘驛迎來者，乃爲道法逸安眾生之至意，雖有包藏禍心之人，何敢借此妄言，既如此則拉藏汗所請恩賞現世達賴喇嘛之盤纏等物，照前世達賴喇嘛使臣之例賞給之處無庸議。又奏疏云策妄喇布坦之百餘人進入阿里地方後，有八十人開赴沙札干地方，二十人返回，不知何故等語。策妄喇布坦之人去阿里沙札干地方一事，並無其他緣由，亦無庸議，俟命下之日將此等事咨行拉藏汗知會可也，爲此謹奏請旨。

〔註104〕指爲拉藏汗所立且爲清廷冊封之六世達賴喇嘛阿旺伊西佳木磋。
〔註105〕指爲拉藏汗所立且爲清廷冊封之六世達賴喇嘛阿旺伊西佳木磋。

[19] 四川巡撫年羹堯奏爲勸懲之法與總督意見不一候旨遵行摺（康熙五十一年三月十二日）[2]-1050

奏，四川巡撫革職留任戴罪効力臣年羹堯謹奏，爲仰懇聖訓以便遵行事。

竊臣以駑鈍之材荷蒙天恩，畀以撫川重任，陛辭之日跪聆天語云，凡不肯實心任事與操守不堪之督撫，其子孫不數十年皆零落殆盡，朕所目睹，四川田地開墾已多，既不擾民，又使錢糧增加，汝須設法料理，煌煌訓旨臣日夜記誦，動念警心，不自揣度，以此自任，苟可利於地方者竭力訪求，故偶有一得之見即具摺奏請訓示，准臣具本者臣不敢少有遲違，其有不可者臣亦凜遵不敢妄動，兩年以來臣得盡言無隱，舉劾並施，去歲川省錢糧除墾荒外，自首本年起徵者幾五萬兩，此實賴聖明主持，訓誨時加，是以著有明效，繼因臣不服水土，抱有脾胃之疾，恐此事不終，有負天恩，思立一久遠之法以清田畝，以息爭訟，是以於去歲八月二十六日摺內有勸懲官吏一條，奉御批，該具題，臣即具本與督臣會題，臣原摺內有請將蓬溪縣知縣徐續功從優議敘之語，實以勸懲之法果行，凡有能清查田糧者皆得仰邀天恩，而增銀八千餘兩安插新民一千二百餘戶，如此實心任事，若不代爲題明，固非立法之意，而臣亦將失信於全省官吏，故不揣冒昧，奏請聖裁，臣於徐續功若有一毫之私，國法具在，天誅難逃，乃督臣以爲與例不符，人心不服，不便畫題，伏思條奏原無定例，揚善正以服人，臣非不能具疏辨白，曾經親奉聖諭，總督巡撫各將所見啓奏，是非朕自定奪，臣惟有靜聽乾斷，今部議令督撫畫一詳議，又准督臣咨移，令將議敘知縣徐續功之處無庸入疏，臣再四思維不勝疑懼，前以原任提臣岳昇龍借欠庫銀，臣已設法具摺奏明，因拂督臣之意，致勞聖懷，敕部詳議，始得完結，今勸懲官吏之法，臣若仍照原摺，不惟督臣不肯會題，而臣兼恐有負氣執拗，掠美市恩之罪，且本內情節已於奏摺欽奉批示，今徑自刪改，是臣凡事庸懦，不能堅守前旨，又似臣毫無定見，奏請大事漫不斟酌，直至督臣不肯畫題，始行改易，因人可否，則臣罪更甚，伏念臣一家三世受恩過厚，仰見聖主臨御萬幾，無不愼密，臣膺此重任，敢不竭力兢兢，而督臣一切摺奏皆筆帖式主稿，家人繕寫，督臣來川，臣往寧羌屢經目睹，至今爲之膽寒，緣臣愚性，不願奏明，果能身爲大臣，從公起見，協力辦事，以分聖主之勞，臣當委曲隱忍，今事在兩難，才識短淺，欲圖免過，莫知適從，惟披瀝肺肝，泣懇聖主憐臣訓臣，則勸懲官吏之疏，作何具題，使臣有所遵行，臣當銜結於生生世世矣，爲此具摺謹奏以聞。

康熙五十一年三月十二日具。

硃批，朕安，凡事公則不論小大，可以自持，若少有私意，即難久遠，爾着量公私之間即是。

[20] 四川巡撫年羹堯奏謝勸懲之法督撫意見不一事仰蒙聖訓摺（康熙五十一年四月二十八日）[2]-1085

奏，四川巡撫革職留任戴罪効力臣年羹堯謹奏，爲恭謝聖恩事。

竊臣於本年三月十二日因設立勸懲之法，不能與督臣畫一具摺，奏請訓示以便遵行，今於四月二十七日家人捧摺到署，臣恭設香案，七叩開讀，御批，朕安，凡事公則不論大小，可以自持，若少有私意，即難久遠，尔着量公私之間即是。臣伏見聖主探理窟之精奧，集道統之大成，執兩用中事無分於小大，以一貫萬心，惟辨乎公私，煌煌聖訓，不獨臣跪誦之下爽然頓覺，即千萬世人臣事君之道亦不出此三十字內，臣何人斯，親承明誨，自茲以往，敢不寓目銘心，始終固守以仰報天恩於萬一，至設立勸懲之法，臣仍照原疏具題外，所有感激微忱，不敢於本內瀆陳，恭繕奏摺賫謝以聞。

康熙五十一年四月二十八日具。

硃批，知道了。

[21] 理藩院奏請賞賚達賴喇嘛使者札咱堪布摺（康熙五十一年七月十九日）[1]-1991

理藩院謹奏，爲請旨事。

竊查去歲達賴喇嘛使臣珠爾穆隆堪布，副使客依畢遵萬舒克囊蘇，拉藏汗使臣達瓦寨桑等來朝，經臣等部具奏，於達賴喇嘛使臣珠爾穆隆堪布，副使萬舒克囊蘇並其隨從共計二十八人合賞緞三十疋，佛頭青布四百疋，賞珠爾穆隆堪布黃蟒緞袍一件，三十兩銀酒海一個，賞副使客依畢遵萬舒克囊蘇黃蟒緞袍一件，賞拉藏汗使臣達瓦寨桑緞三疋，佛頭青布二十四疋，其隨從十一人各賞緞一疋，佛頭青布各八疋在案。又查得去歲青海台吉索諾木達希〔註106〕等來朝，賞漆鞍馬各一匹，應時蟒緞袍各一件，染貂皮帽各一頂，係有小刀手帕荷包鑲金環子腰帶各一條，套緞襪頭等綠斜皮靴各一雙，緞各八疋，翠蘭布各一百疋，隨同前來之寨桑等緞各二疋，翠蘭布各二十疋，侍衛跟役等緞各一疋，翠蘭布各十疋，亦經奏准賞賜在案，既如此，則除照去歲

〔註106〕《蒙古世系》表三十七作索諾木達什，顧實汗圖魯拜琥第九子桑噶爾札之孫，其父塔薩博羅特。

賞賜是次來朝之達賴喇嘛之大使札咱堪布〔註107〕黃蟒緞袍一件，三十兩銀酒海一個，賞副使濟雅囊蘇黃蟒緞袍一件，其隨從二十八人合賞緞三十疋，佛頭青布四百疋外，台吉敦多布達希〔註108〕為拉藏汗族下台吉，或照賞賜青海台吉索諾木達希之例，賞台吉敦多布達希漆鞍馬一匹，應時蟒緞袍一件，絨纓涼帽一頂，係有小刀手帕荷包鑲金鞋帶一條，加緞襪頭等綠斜皮靴一雙，緞十疋，翠蘭布一百疋，隨同前來之嘎布楚、喇木札木巴、寨桑等五人各賞緞二疋，翠蘭布各二十疋，侍衛跟役八人各賞緞一疋，翠蘭布十疋。或以使臣例，賞台吉敦多布達希緞三疋，翠蘭布二十四疋，隨同前來之十三人各賞緞一疋，翠蘭布各八疋之處，謹請聖裁，命下之日將其賞物由各該處領取賞之，前達賴喇嘛之使臣來朝，由臣部派官一員，乘驛護送至西寧，今仍欲由臣部派官一員，乘驛護送至西寧，為此謹奏請旨。

硃批，著速行查問台吉敦多布達希，派伊是否兼台吉銜，或令派為使者，俟查明再行定奪，餘依議。

[22] 理藩院奏報照例賞賚達賴喇嘛使者摺（康熙五十一年七月二十二日）[1]-1996

理藩院謹奏，為欽遵上諭事。

竊臣部曾以台吉敦多布達希為達藏汗〔註109〕族下台吉，照賞賜青海台吉索諾木達希等之例，賞台吉敦多布達希漆鞍馬一匹，應時蟒緞袍一件，絨纓涼帽一頂，係有小刀手絹荷包鑲金鞋帶一條，加緞襪頭等綠斜皮靴一雙，緞十疋，翠蘭布一百疋，隨同前來之嘎布楚、喇木札木巴、齋桑等五人各賞緞二疋，翠蘭布各二十疋，侍衛跟役八人各賞緞一疋，翠蘭布十疋，或以使臣之例，賞台吉敦多布達希緞三疋，翠蘭布二十四疋，隨同前來之十三人各賞緞一疋，翠蘭布各八疋之處，謹請聖裁等因具奏請旨。奉旨，著速行查問台吉敦多布達希，派伊是否兼台吉銜，或僅派為使臣，俟查明再行定奪，餘依議，欽此欽遵。詢據敦多布達希告稱，拉藏汗以為此次之事緊要，擇優選我兼台吉銜派為使臣等語，為此謹奏請旨。

硃批，著照台吉例賞之。

〔註107〕 第十八號文檔作展參堪布。
〔註108〕 《蒙古世系》表三十七有惇多布達什，顧實汗圖魯拜琥第九子桑噶爾札之孫，其父塔薩博羅特，是否此人待考。
〔註109〕 即拉藏汗，和碩特蒙古統治西藏之第四代汗，顧實汗圖魯拜琥長子達延鄂齊爾汗之孫，父達賴汗。

[23] 理藩院奏報達賴喇嘛之使者請求加撥驛車摺（康熙五十一年八月初 一日）[1]-2004

理藩院謹奏，爲請旨事。

竊准達賴喇嘛使臣嘎爾丹章責堪布〔註110〕，拉藏汗之使臣車臣台吉敦多布達希等來報，我等自西寧前來之時攜來八十五馱，今來此處後，承蒙皇上賞賚〔註111〕及採買之物已多，故返回之時除照前來時八十五馬馱外，再添給車十輛則足矣，謹請恩賞等語。查得去歲來朝之達賴喇嘛之使臣堪布囊蘇等返回時，來報除前來時給與馱馬外，謹請再添給驛車八輛等語，即以具奏，奉旨，著加撥車八輛，欽此欽遵在案。今嘎爾丹章責堪布等因採買之物甚多，請求加撥驛車十輛，給伊等加撥驛車十輛或停止之處，謹請聖裁，爲此謹奏請旨。

硃批，著給八輛。

[24] 五世班禪爲請頒敕書以保扎什倫布寺廟地方永無爭端事奏書（康熙 五十一年十二月）[5]-15

班禪呼圖克圖奏書。

茲奏緣爲借鐵虎年〔註112〕遣使請安之便，請頒敕書事。

扎什倫布所屬寺院領地雖自古無爭端，然倘蒙聖上頒賜敕書，扎什倫布所屬寺院領地將可永無爭端，無欺詐，且有益於教法，我等僧衆仰賴聖恩爲生，故稟報前奏之事，望以大慈大悲賜予敕諭，萬勿遺漏，隨書敬獻琥珀珠。

[25] 胤祉等奏青海厄魯特來使進貢物品摺（康熙五十二年二月十九日） [1]-2093

臣胤祉〔註113〕等謹奏。

本月十七日據蒙古衙門侍衛豪山、色肯等告曰，青海厄魯特固山貝子車臣岱青羅布藏達爾扎〔註114〕遣使臣喇木占霸向皇父納貢紅香七把唵叭香一小包、喀奇地方紅花一小包、氆氌二塊薰牛皮二張等語。臣等交付該部官員看得紅香色次，且折斷者多，氆氌很次，薰牛皮色亦很差，此三項不夠收納等級，唵叭香及喀奇地方紅花兩項夠收納等級等語，爲此謹奏請旨。

〔註110〕第十八號文檔作展參堪布，第二十一號文檔作扎咱堪布。
〔註111〕原文作費，今改爲賚。
〔註112〕即藏曆第十二饒迥鐵虎年，康熙四十九年。
〔註113〕清聖祖第三子胤祉。
〔註114〕《蒙古世系》表三十六作羅卜藏達爾扎，顧實汗圖魯拜琥第二子鄂木布之孫，其父卓哩克圖岱青。

臣胤祉，胤禛〔註115〕。

硃批，紅香不可退回。

[26] 領侍衛內大臣阿靈阿等奏請回文策妄喇布坦片（康熙五十二年五月十四日）[1]-2112

臣等議覆。

據員外郎蘇金泰等帶來策妄喇布坦之奏本內稱，荷蒙大汗屢降仁旨，陳我之事，為三家之子嗣事具奏時奉旨，憐朕者，爾處也，沒錯，欽此，等語首肯。羅布藏錫喇布〔註116〕於中間違背大汗仁旨，口降之旨，散佈不安生之言，謬也，因跟隨大汗所遣之使，伊難散此等之言，故我遣使，令伊明瞭先前所降仁旨，具奏皇仁，伊告我使臣曰，從前之旨未信，嗣後之旨所言何事等語。將使臣等人遣回，我言倘能盡述，伊不致違背大汗先前之旨，亦不致擾害衆生靈，思之我言未能盡述耳，伏乞大汗安逸等語。復具奏前來，據稱其使臣且巴口稟與奏本無異，查得此次來使且巴帶來之書，既然仍與從前楚魯木巴爾當前來之事無異，理合不議，惟策妄喇布坦係另一部之小台吉，伊所派之使臣且巴帶來之文內既言羅卜藏錫喇布於中間違背大汗仁旨，口降之旨，散佈不安生之言，伏乞照舊憐憫三家等語。倘不咨回文，伊又藉端聲言，伊之奏本並未奏聞主子之處亦不可料定，故請咨文策妄喇布坦，咨文內稱，去年侍衛祁里德等前來，諸事業經盡奏，爾所派之使臣楚魯木巴爾當前來之時因與祁里德具奏之事無異，故未准入遣回，先前爾前後之言互違不合，且無一實處，故主子斷絕與爾通使互市，嗣後以納瑪西希為使，與哲布尊丹巴呼圖克圖〔註117〕、喀爾喀王貝勒等通和好之道，聖主憐憫鑒察後，命爾使臣納瑪西希會晤呼圖克圖等，又命入京，照副使例賞賜後遣回，續以策木波爾為使，因衆人無應入內議之處，俱令得安逸，並未強逼之，此等人荷蒙主子養育之恩，亦太平安逸生活，此等人果有應議之處，喀爾喀鄂爾坤、青海之人應議之，與爾無關，況且聖主一統天下，非惟此等人，即所有黎庶，俱視如赤子，憐憫待之，各令太平安逸度日，此乃主子本心，爾雖從中如何離間喀爾喀、厄魯特，巧施奸計，俱不抵主子如日月之明之睿鑒耳，即使厄魯特、

〔註115〕清聖祖第四子胤禛，即清世宗。
〔註116〕《清聖祖實錄》康熙四十六年七月辛未條載，以厄魯特羅卜藏西喇卜為散秩大臣。此人屬察哈爾。
〔註117〕指哲布尊丹巴一世，第二世土謝圖汗察琿多爾濟之弟。

喀爾喀亦斷無背違主子撫育贍養〔註 118〕鴻恩之處，爾此次所派之使臣因無應入內之事，故遣回等語，作為部文，鈐印咨行，奉旨之日仍派員外郎蘇金泰馳驛前往，將文書交付使臣且巴可也，此等之處亦曉諭使臣，照看起程前來等語，為此謹奏請旨。

領侍衛內大臣兼理尚書事務公臣阿靈阿。

員外郎臣蘇金泰。

主事臣巴特瑪〔註 119〕。

主事臣圖真。

主事臣鄂善。

主事臣常林。

[27] 五世班禪為進獻佛尊等物請安奏書（康熙五十二年十一月吉日） [5]-18

班禪額爾德尼奏書。

虔心謹奏於天人共戴文殊菩薩皇帝陛下，倍施今世四方生靈以善緣，天聖文殊菩薩大皇帝彙集洪福寶身壇城威光，覆蓋天地，穩坐不動金剛金龍所持高座，如七寶金輪昇騰之威力，不時恩被四部人眾，惠澤無盡，身居雪域永持釋迦牟尼佛道之小僧，闡揚佛教，敬誠勤勉，為恭請聖安，派章臣拉巴固結喇嘛具奏。先前菩薩為眾生慈悲為懷，持君道於天下，講盡史書，今賴眾佛慈愛性成之文殊菩薩，為教眾之利裨，生為人君，天地剛毅大皇帝聖躬，尊奉三寶，崇尚釋迦牟尼佛教、文殊菩薩、宗喀巴教，政教合一，使天下教眾得享安逸，恩澤廣被，平定我土伯特地方之亂，使太平盛世益臻祥和，故我呼巴喇克等眾為大皇帝聖躬、歲壽寶座威福永恒，心想事成，念經祈福，潛心鑽研，嗣後仍請不吝仁愛，頒賜訓諭，如江流不斷。隨書敬備釋迦牟尼佛舍利三顆、四種光澤福瑞舍利裝藏金鑄宗喀巴佛一尊、連背光寶座背光上呼木西木菩薩一尊、小僧班禪供奉彙綜佛旨金剛經文一本、香十五束、飾珊瑚素珠之琥珀珠一串，黃紅整氆氇二十疋，白整氆氇二十疋，於巳年〔註 120〕十一月吉日自扎什倫布具奏。

〔註 118〕原文作瞻養，今改正為贍養。
〔註 119〕《平定準噶爾方略》卷三頁二十二作主事巴特瑪。
〔註 120〕即藏曆第十二饒迴水蛇年，癸巳，康熙五十二年。

[28] 五世班禪祇領敕封冊印謝恩奏書(康熙五十三年四月初六日)[5]-19

班禪額爾德尼奏書。

虔心竭誠跪奏於天人共戴文殊菩薩皇帝陛下，今世寬大瞻部洲教衆，得享安逸之福，天地剛毅皇帝聖壇，耀越十萬日照，威如千輻金輪，載天地之衆以如願，佈天地之衆以安逸，美譽如雷貫耳。又扶佑佛教，憫愛小僧，爲使扎什倫布寺廟地方永享太平，頒降冊文金印及敕書，賞賜三十兩重銀茶桶一個、銀壺一個、銀碗一隻、各色綢緞二十疋、大哈達十方、小哈達十方，交付頭等侍衛策楞〔註121〕、達喇嘛卓特巴林沁格隆、郎中鄂賴〔註122〕等賫至，欣喜之情，油然而生，仰賴無盡之恩，身居雪域講經小僧，率同徒衆，爲聖主蓮座之牢固，勤勉諷經。謹此具奏者，素仗文殊菩薩皇帝仁愛，小僧及所有教衆得享安謐，故爲大皇帝蓮花金龍所持寶座直至永世牢固，恭敬不二，持之以恒，虔心祈禱，隨書敬備福祥俐瑪無量壽佛一尊、黃紅香三十束、珊瑚素珠一串、飾青金石素珠一串、整花氆氇二十疋、整白氆氇十疋，一併封裝，於吉日自扎什倫布具奏。

（康熙五十三年四月初六日理藩院爲翻譯班禪額爾德尼唐古特奏書一份，送來揭帖，主事僧格、薩瑪第等接之，當即飭交唐古特學副教習喇嘛兼扎薩克達喇嘛丹怎格隆、助教阿比達等譯出繕摺，與班禪額爾德尼唐古特奏書一份，一併交大學士嵩祝〔註123〕閱看，於康熙五十三年四月初九日由大學士嵩祝、內閣學士綽齊〔註124〕、富勒呼訥〔註125〕、鄂齊爾〔註126〕、查弼納〔註127〕等交奏事員外郎雙川〔註128〕、司庫蘇成額〔註129〕、奏事張文彬〔註130〕、檢討楊文成〔註131〕、詹事齊呼倫〔註132〕轉奏。是日奉旨，著交付該部，欽此欽遵。是月初九日將班禪額爾德尼原呈唐古忒奏書一份，譯出之摺一份，一併交付理藩院郎中圖展、筆帖式通智）

〔註121〕《平定準噶爾方略》卷二頁二十二作一等侍衛色楞。
〔註122〕《平定準噶爾方略》卷六頁二十四作郎中鄂賴。
〔註123〕《清代職官年表》大學士年表作文華殿滿大學士嵩祝。
〔註124〕《清代職官年表》內閣學士年表作綽奇。
〔註125〕《清代職官年表》內閣學士年表作傅爾笏納。
〔註126〕《清代職官年表》內閣學士年表作鄂齊珥。
〔註127〕《清代職官年表》內閣學士年表作查弼納。
〔註128〕《康熙起居注》康熙五十五年五月初一日記作奏事雙全。
〔註129〕《康熙起居注》康熙五十五年五月初十三日記作烏林達蘇成格。
〔註130〕《康熙起居注》康熙五十五年五月初一日記作奏事張文彬。
〔註131〕《康熙起居注》康熙五十五年五月初一日記作洗馬楊萬程。
〔註132〕《康熙起居注》康熙五十五年五月初一日記作編修奇勒倫。

[29] 理藩院議奏拉藏汗次子蘇爾扎已來青海居住請旨摺（康熙五十三年五月三十日）[1]-2416

理藩院謹奏，為請旨事。

據駐西寧員外郎喀爾卡呈稱，去年十二月初六日據拉藏汗所派宰桑齊呼拉前來告稱，我拉藏汗欲將其次子台吉蘇爾扎〔註133〕遣往青海，先派我前來告知王扎西巴圖爾〔註134〕，將蘇爾扎前來緣由知會部可也等因，咨文前來，因告我台吉蘇爾扎約於本月底前來青海等語。故除俟台吉蘇爾扎前來時另行呈報外，將拉藏汗咨部鈐印之文一併咨部在案，本月初八日拉藏汗之子台吉蘇爾扎派其宰桑齊呼拉前來告曰，我於去年十月十九日率三百餘人由昭地起程，前來青海，抵達木地方宿營間，我兄噶爾丹旦金〔註135〕稱前往策妄喇布坦處，於本月二十七日由昭地起程，亦前來達木地方，噶爾丹旦金於此地停數日然後前來喀拉烏蘇，取道噶斯路前往，我自己於十一月初三日起程先行前來，原擬於年前前來青海過年，因雪大天寒，牲畜瘦弱，於十二月底方抵穆魯烏蘇地方，擬過年後帶二百餘人於後面緩緩前來，故留下，於二月初七日帶近百人起程於三月二十二日抵王家中，本月初二日前來我原遊牧居住之博羅崇科克地方居住等語，為此知會等因咨呈等語。該文於康熙五十三年五月初一日交乾清門藍翎喇錫等轉奏時奉旨，交部，欽此欽遵。

臣等議覆，據駐西寧之員外郎喀爾卡咨呈之文內稱，據拉藏汗之子台吉蘇爾扎遣其屬下宰桑齊呼拉來告曰，我去年十月十九日由昭地起程前來時，因雪大天寒牲畜瘦弱於途中宿營，今年三月二十二日前來青海地方居住，等因來告等語。查得先前臣等部議奏，拉藏汗與伊等弟兄已互相和好，既然聲稱欲將伊子蘇爾扎派往青海，即照拉藏汗所請，將蘇爾扎遣往青海可也，拉藏汗遣送蘇爾扎之處既末奏定，伏乞停派扎爾固齊，再拉藏汗既然奏請聖主憐憫，允准伊子蘇爾扎所有一行入境，故俟蘇爾扎抵青海後拉藏汗為其子奏陳緣由，或俟蘇爾扎親來叩請聖安時再奏請諭旨等因具奏，奉旨，知道了，欽此欽遵，業經咨文拉藏汗在案，今員外郎喀爾卡稟告蘇爾扎於三月二十二日抵青海居住之處，業已呈報前來，既另無緣由，無庸議在案，俟拉藏汗為其子具奏，或俟蘇爾扎親來叩請聖安時再行奏請諭旨，為此謹奏請旨。

〔註133〕《平定準噶爾方略》卷三頁五作台吉蘇爾扎，拉藏汗次子。
〔註134〕《蒙古世系》表三十七作達什巴圖爾，顧實汗圖魯拜琥幼子，即第十子。
〔註135〕《蒙古世系》表三十八作噶爾丹丹忠，拉藏汗長子。

領侍衛內大臣兼理尙書事務公臣阿靈阿。

郎中臣華色。

員外郎臣巴扎爾。

硃批，派侍衛一員章京一員，查看此等人生計情形後返回可也，前去之侍衛章京面請諭旨。

[30] 領侍衛內大臣阿靈阿轉降拉藏汗防備厄魯特之諭旨之咨文（康熙五十三年六月初五日）[1]-2424

公阿靈阿、侍衛祁里德、喇錫等咨行扶持佛法恭順汗〔註136〕。

康熙五十三年六月初五日我等奉旨，朕爲拉藏汗念，將其一子遣至策妄喇布坦處娶妻，一子現遣往青海居住，遣往策妄喇布坦處之子，策妄喇布坦倘以憐憫女婿爲由一留數年不遣回，或遣住青海之子，伊亦稱憐憫，照另子例留下，則拉藏汗身邊竟無人，甚難矣，且拉藏汗已五十歲有餘將六十之人，理合爲自身慮之，伊之人少，土伯特人甚多，且又暴虐，可謂伊等無圖謀之事乎，拉藏汗告殺兇惡倡亂之第巴〔註137〕，朕嘉許惠愛，封伊爲扶持佛法恭順汗，伊竟恃朕行事，不惟朕知，所有之人俱知，惟伊等之厄魯特性好猜疑，甚懶惰，倘生不可預料之事，伊雖恃朕，此間甚遠，相隔萬里之遙，不及之事生成後，除悔之外，朕亦無計，朕所慮甚爲廣遠，伊亦係明白曉事之人，伊宜周詳自慮，且日後之事，亦應一併深思，不可不防，爲拉藏汗，朕思之甚多，公阿靈阿、侍衛祁里德、喇錫爾等詳繕此旨，上緊派遣賢能筆帖式護軍領催馳送，欽此等因，特面諭我等，故將我等之咨文交付筆帖式鍾佛保〔註138〕，護軍拉特納，領催巴顏馳遞，爲此咨行。

[31] 理藩院奏請班禪等之使臣恭瞻天顏摺（康熙五十三年六月十六日）[1]-2443

理藩院謹奏，爲請旨事。

臣等部奏稱，班禪額爾德尼使臣堪布羅布藏策累，達賴喇嘛使臣囊蘇策妄喇布坦，拉藏汗使臣呼拉齊〔註139〕等於本月初九日抵達京城，班禪額爾德

〔註136〕即拉藏汗，和碩特蒙古統治西藏之第四代汗，顧實汗圖魯拜琥長子達延鄂齊爾汗之孫，父達賴汗。
〔註137〕今常寫作第巴桑結嘉措，《欽定西域同文志》卷二十四頁三載，桑皆佳木磋，初爲總管衛藏四屬第巴，即以第巴名封王爵，賜印，後得罪，爲拉藏汗所誅。
〔註138〕《平定準噶爾方略》卷一頁十一有主事眾佛保，應爲由筆帖式陞任者。
〔註139〕《平定準噶爾方略》卷四頁四十四作和喇奇，卷四頁四十五作胡喇奇。

尼具奏皇上之唐古特文書一，以請安禮進沙利爾三、金宗喀巴佛一、珊瑚珠一、琥珀珠一俱裝入匣內封存，以金字繕寫之唐古特齊察木朱喇木濟蘭巴經一卷，黃紅香二十五把、各色毾氈四十。達賴喇嘛具奏皇上之唐古特文書一，以請安禮進之沙利爾一俱裝入匣內封存，珊瑚珠一琥珀珠一青金石二塊各色毾氈九十。拉藏汗具奏皇上之蒙古文書一，以請安禮進之珊瑚珠一琥珀珠一各色毾氈二塊。班禪額爾德尼使臣堪布羅布藏策累以請安禮進黃香二把紅香五把白毾氈七藏青果一百五十。達賴喇嘛使臣囊蘇策妄喇布坦以請安禮進珊瑚珠一、喀奇地方之庫爾庫木十六兩、白毾氈十黃毾氈一。拉藏汗使臣呼拉齊以請安禮進紅香三把、白毾魯二。稱將此交付班禪額爾德尼屬下薩爾扎喇嘛及現前來之堪布羅布藏策累帶來，另有具奏皇上之唐古特文書一，以請安禮進黃香五把紅香二把白毾氈三手帖一等語。班禪額爾德尼、達賴喇嘛等人所奏唐古特文書既俱已裝入匣內封存，故擬開匣，將具奏文書帶來，交內閣翻譯奏覽後，再將此等人所貢之物交各該處。再據班禪額爾德尼所屬堪布羅布藏策累、達賴喇嘛使臣囊蘇策妄喇布坦、拉藏汗使臣侍衛呼拉齊〔註140〕等告曰，我班禪額爾德尼、達賴喇嘛、拉藏汗荷蒙聖主封班禪額爾德尼大吉，特派我等向主子請安叩恩納貢前來，我等願叩謝聖主，恭瞻金顏等因，於康熙五十三年六月十三日交付乾清門藍翎喇錫等轉奏。奉旨，於此處議奏，欽此欽遵。

臣等議覆，班禪額爾德尼、達賴喇嘛、拉藏汗既為請聖安納貢遣使前來叩謝，將此等人所奏之唐古特文書交付內閣翻譯奏覽可也，伊等所貢之物照例交付該處，前來之使臣堪布羅布藏策累、囊蘇策妄喇布坦、呼拉齊等既然奏請前來恭瞻主子金顏，令此等人前來可也，今節氣甚熱，暫安置京城外黃寺，於七月初定使臣本人及跟役總計不得超過十人，派出臣部章京一員照看，慢慢帶來可也，為此恭奏以聞，請旨。

領侍衛內大臣兼管尚書事務臣阿靈阿。

郎中臣華色。

硃批，貢物內既有奏書，俟使臣前來時一起帶來可也，餘依議。

[32] 理藩院奏請驗看五世達賴喇嘛之呼畢勒罕摺（康熙五十三年九月十八日）[1]-2497

理藩院謹奏，為請旨事。

〔註140〕原文作拉齊，本文檔前文作呼拉齊，故改之。

康熙五十三年九月十六日乾清門二等侍衛祁里德、藍翎喇錫等將青海扎西巴圖爾等所奏之蒙古文書奏覽時奉旨,部議具奏,欽此。據原王扎西巴圖爾等奏稱,蒙神奇弘大天佑聖主之明,青海親王扎西巴圖爾及右翼屬總台吉等奏曰,今聞得達賴喇嘛之呼畢勒罕〔註 141〕已於理塘尋得,此事真僞是非之處,經派我右翼台吉等爲使往看,據回稟彼處之人俱敬告是真,對我等使臣之意,伊等不得已而動,五世達賴時期之文憑及諸物,亦俱明白相告,是真等語,業經返回前來,先前於西部坐五世達賴喇嘛牀之呼畢勒罕〔註 142〕,荷蒙大聖主之明,曾奉旨年幼尚未學經〔註 143〕,暫停封,欽此。嗣後博克達班禪、拉藏汗反復奏請,無論如何伏乞大聖主睿鑒賜封,荷蒙主子之明,奉旨准伊可也,欽此等因,賜封。然蒙大聖主睿鑒,既然何呼畢勒罕俱已賜封,除欽遵主子諭旨外,彼處所有之人皆稱,我等已說,此非呼畢勒罕等語,不表虔誠,今真五世達賴喇嘛之呼畢勒罕既已顯出,我等擬將伊公同迎至青海,所有緣由奏請睿鑒,此呼畢勒罕如何照五世達賴喇嘛賜封之處,伏乞神奇弘大天佑聖主睿鑒等語。查得前稱達賴喇嘛之呼畢勒罕〔註 144〕已出,班禪、拉藏汗又以此呼畢勒罕是真等因反復奏請,青海之衆台吉亦稱是真,聖主方封此呼畢勒罕爲六世達賴喇嘛,今扎西巴圖爾、戴青和碩齊〔註 145〕等又奏稱理塘地方所出之呼畢勒罕是真,衆人俱恭敬,今坐牀之呼畢勒罕是假,衆人俱不恭敬等語。由此觀之,青海之台吉、拉藏內部必反目,互相爭鬥,倘嗣後爭鬥後再議必難,此所出之呼畢勒罕不可不帶來,既然路亦近,請派出大臣,將此現出之呼畢勒罕帶至京城,此所去之大臣,告青海之人,帶此呼畢勒罕,

〔註 141〕即七世達賴喇嘛,清廷初封其爲弘法覺衆第六輩達賴喇嘛,後默認爲第七世。《欽定西域同文志》卷二十三頁二載,羅布藏噶勒藏佳木磋,蒼揚佳木磋之呼畢勒汗,出於里塘,至衛座布達拉、布賴賁、色拉寺牀,賜冊印爲第六世達賴喇嘛。

〔註 142〕指第六世達賴喇嘛蒼揚佳木磋,清廷初不承認其達賴喇嘛之地位,後默認之。《欽定西域同文志》卷二十三頁三載,蒼揚佳木磋,阿旺羅布藏佳木磋之呼必勒汗,出於門拉烏克玉爾蘇木,坐布達拉、布賴賁、色拉寺牀,拉藏汗別奉阿旺伊西佳木磋爲達賴喇嘛,乃送京師,至西寧涅槃,未列世次。

〔註 143〕原文作德,今改正爲經。

〔註 144〕指爲拉藏汗所奉並爲清廷所封之第六輩達賴喇嘛阿旺伊西佳木磋。

〔註 145〕原文作扎西巴圖爾戴青和碩齊,今改正爲扎西巴圖爾、戴青和碩齊,本文檔均誤,扎西巴圖爾見前註。戴青和碩齊《蒙古世系》表三十九作察罕丹津,顧實汗子魯拜琥第五子伊勒都齊之孫,其父博碩克濟農。《欽定西域同文志》卷十七頁五作戴青和碩齊察罕丹津,戴青和碩齊爲其號,察罕丹津爲其名,史籍有以名稱者,有以號稱者,或號與名全稱者,實爲一人。

特請聖主驗看眞僞後再定等語可也，一面告班禪、拉藏曰此呼畢勒罕已出，眞僞之處，可派往京城往問可也，倘何人，主子阻止不給，爾亦不給，即假呼畢勒罕矣，爾可具奏主子等語。記錄後，前來可也，擬將現前來之扎西巴圖爾使臣與此次前往之大臣公同遣往，此事既然緊急，前去之大臣伏乞皇上指派，爲此謹奏請旨等因，康熙五十三年九月十七日具奏，奉旨，此議未盡，復議具奏，帶此呼畢勒罕時派侍衛阿齊圖，並派賢能郎中一員陪同前往可也，此等人前往時將敕諭帶之，敕諭內話勿多，惟寫朕欲驗看此呼畢勒罕，倘不給不遣派此呼畢勒罕，即告此非達賴喇嘛之呼畢勒罕等語，斷言後，將欽諭棄置，返回可也，派給班禪、拉藏使臣時筆帖式鍾福保〔註146〕人賢能，與章京相當，辦事諳練，此既係輕車熟路，即派鍾福保，並多派同僚陪同前往，倘拉藏汗前往用兵未歸，詢問彼處之人後趕往伊處，趕往可也，倘不可前往，則候拉藏汗前來後，詢問取信，再來可也，阿奇圖〔註147〕等不必等此等人前來，即前來可也，勒限遣往鍾福保等處，咨文班禪、拉藏汗時應繕曰，前爾等奏稱此呼畢勒罕係眞達賴喇嘛之呼畢勒罕等因後坐達賴喇嘛之牀，今青海之右翼扎西巴圖爾、戴青和碩齊等奏稱，理塘地方又出達賴喇嘛之呼畢勒罕等語。此呼畢勒罕眞僞之處，已派員前往爾處詢問，此呼畢勒罕之事尚屬小事，惟爾等弟兄互相爭執，生出爭戰之事，則事大矣，譬如現已坐達賴喇嘛牀之呼畢勒罕〔註148〕，倘此間圓寂，伊又復生，奈何，達賴喇嘛之呼畢勒罕惟一人耳，總出達賴喇嘛之呼畢勒罕，則不完矣等語。阿齊圖等去時有訓旨，欽此欽遵。

臣等復議覆，據青海之扎西巴圖爾、戴青和碩齊等奏稱，今聞得達賴喇嘛之呼畢勒罕已於理塘出，派我等右翼台吉使臣前往，據回稟，將五世達賴喇嘛時期之文憑諸物明白告知，是眞等語。使臣業經返回，先前於西部坐五世達賴喇嘛牀之呼畢勒罕，經班禪、拉藏反復強奏，荷蒙主子之明賜封，然除欽遵主子諭旨外，彼處所有之人皆稱，我等已說，此乃假呼畢勒罕等語。不表虔誠，今眞五世達賴喇嘛之呼畢勒罕既已顯出，此呼畢勒罕如何賜封之處，伏乞主子睿鑒等語。查得先前稱達賴喇嘛之呼畢勒罕已尋得，班禪、拉藏反復〔註149〕奏請，稱此呼畢勒罕是眞，青海眾人亦稱是眞，聖主方將此呼畢勒罕封爲六世達賴，今扎西巴圖爾、戴青和碩齊等稱理塘地方尋得之呼畢

〔註146〕《平定準噶爾方略》卷一頁十一作主事眾佛保，應爲由筆帖式陞任者。

〔註147〕《平定準噶爾方略》卷一頁十一作侍衛阿齊圖。

〔註148〕指爲拉藏汗所奉並爲清廷所封之第六輩達賴喇嘛阿旺伊西佳木磋。

〔註149〕原文作所復，今改正爲反復。

勒罕是眞，現已坐牀之呼畢勒罕是假，衆人俱不表虔誠等語。由此看得，青海之右翼台吉、拉藏內部必已反目，互生爭鬥，倘嗣後再生爭鬥，議時必難，此尋得之呼畢勒罕不可不帶來，既然如此，欽遵上諭，派出阿齊圖，並遣臣部郎中常壽〔註150〕，陪同侍衛阿齊圖前往，將此呼畢勒罕帶來，阿齊圖等去時向青海右翼貝勒戴青和碩齊察罕丹津、衆台吉等咨行敕諭，咨行之敕諭內繕將此呼畢勒罕帶來由主子驗看等語可也，倘戴青和碩齊等不給不遣派此呼畢勒罕，即告此非達賴喇嘛之呼畢勒罕等語。斷言後，將敕諭棄置，返回可也。應咨文班禪、拉藏訪問此呼畢勒罕尋得情形，咨行班禪、拉藏之咨文內，應繕曰先前爾等奏稱此呼畢勒罕係達賴喇嘛之眞呼畢勒罕，遂令坐達賴喇嘛之牀，青海右翼之扎西巴圖爾、戴青和碩齊等奏曰今理塘地方又出達賴喇嘛之呼畢勒罕等語。此呼畢勒罕之眞僞之處，業經遣員赴爾處詢問，此呼畢勒罕之事尙屬小事，今爾兄弟倘互生爭討，則事大矣，譬如現已今坐達賴剌嘛牀之呼畢勒罕倘此間圓寂，伊又復生，奈何，達賴剌嘛之呼畢勒罕惟一人耳，總出達賴喇嘛之呼畢勒罕，寧無完日矣等語。此往問咨文時伏乞派筆帖式鍾福保，鍾福保前去時多派員隨行，除先去之護軍拉特納、領催巴彥〔註151〕外，再添派理藩院之賢能護軍一員、領催一員，再派給筆帖式鍾福保跟役八人，派給護軍等跟役各六人，派給領催等跟役各四人，與侍衛阿齊圖等公同遣往，抵青海後，令阿齊圖等人及鍾福保等人尅期西進可也，阿齊圖等人停止等候之後即來可也，鍾福保等抵西部後，倘拉藏用兵未歸，經詢問彼處之人後欲趕往，趕往可也，倘不可前往，則等拉藏前來後詢問，取伊用兵之信後，侍衛阿齊圖、郎中常壽、筆帖式鍾福保〔註152〕馳驛後，西寧以遠所騎馬匹馱用駝隻帳房鍋跟役等項，停止動用錢糧，因此等人前去之事甚急，由該巡撫照例作速核發可也。鍾福保等西進時可由拉藏之子蘇爾扎處帶扎爾固齊前往可也，咨行青海之貝勒戴青和碩齊察干丹青〔註153〕之敕書，由內閣撰擬奏覽，咨行班禪、拉藏之文，繕敕諭咨行，或做部文咨行之處，伏乞聖上指示，爲此謹奏請旨。

領侍衛內大臣兼管尙書事務公臣阿靈阿。

〔註150〕《平定準噶爾方略》卷三頁三十七作郎中長受。
〔註151〕第三十號文檔作領催巴顏。
〔註152〕《平定準噶爾方略》卷一頁十一有主事衆佛保，應爲由此筆帖式陞任者。
〔註153〕《蒙古世系》表三十九作察罕丹津，顧實汗圖魯拜琥第五子伊勒都齊之孫，其父博碩克濟農。《欽定西域同文志》卷十七頁五作戴青和碩齊察罕丹津，戴青和碩齊爲其號，察罕丹津爲其名，史籍有以名稱者，有以號稱者，或號與名全稱者，實爲一人。

[33] 甘肅巡撫綽奇奏聞官兵已前往哈密救援等情摺（康熙五十四年四月初六日）[1]-2575

奴才綽奇〔註154〕謹奏，爲奏聞事。

康熙五十四年四月初六日據甘肅提督師懿德〔註155〕咨稱，四月初三日據哈密扎薩克額敏〔註156〕咨稱，三月二十四日策妄喇布坦〔註157〕之兵搶掠我臣之五鋪〔註158〕，二十五日兵已抵哈密，請緊急救援等語前來，遂一面立即咨文命肅州總兵官率官兵急速出邊前往，臣本人亦擬率官兵出邊前往，官兵前往哈密時來往所需口糧，因日子遠近不可定，請多予備等語。本日據肅州道胡仁智〔註159〕來文稱，四月初二日總兵官路振聲〔註160〕業已率官兵啓程出邊，向哈密進發等語。奴才除立即交付布政使，甘陝、肅州二道，將所需口糧作速緊急陸續運抵外，因與奴才所屬地方邊外之事有關，故奴才將所送事由繕摺，恭奏以聞。

硃批，米穀錢糧甚要，恐有耽延。

[34] 甘肅巡撫綽奇奏請本人應否出邊摺（康熙五十四年四月十六日）[1]-2577

奴才綽奇謹奏，爲請聖主訓諭事。

先前據甘肅師懿德來文稱，策妄喇布坦兵掠哈密，請予備軍糧等語。已立即交付司道等派員緊急予備交給之處，奴才業已具摺奏聞，一面派人前往取信，四月十四日據提督師懿德來文稱，哈密之兵已與賊互相對陣交戰，務派總兵路振聲緊急前往等語。奴才告伊臣本人亦率官兵急速前往等語。奴才竊思蘭州與肅州間有一千五百餘里，互相行文甚需時日，因與口邊之事有關，奴才於四月十六日由蘭州啓程，沿途催促軍糧，俟緊急抵肅州後，凡有應奏之處即行奏聞，倘有應與提督總兵等人商議之處即行商辦，惟奴才荷蒙聖主之恩，來省未久，外面之事並未經歷，倘提督本人出邊遠行，奴才本人應否出邊之處伏乞聖主指教，奴才欽遵而行，再離衙起行日期理合繕本具

〔註154〕《清代職官年表》巡撫年表作甘肅巡撫綽奇。
〔註155〕《平定準噶爾方略》卷一頁十二作甘肅提督師懿德。
〔註156〕《平定準噶爾方略》卷一頁十二作哈密扎薩克達爾汗伯克額敏。
〔註157〕《平定準噶爾方略》卷一頁一作策妄阿喇布坦。
〔註158〕原文作臣面五鋪，今改正爲臣之五鋪，今新疆哈密市五堡鄉。
〔註159〕《甘肅通志》卷二十八頁四十作胡仁治。
〔註160〕《平定準噶爾方略》卷一頁十三作總兵路振聲。

奏，惟奴才仍於省內行走，照常辦理衙門之事，因與邊外軍事有關，故一併繕入摺內，謹奏。

硃批，知道了，尚書富寧安〔註161〕業經前往。

[35] 議政大臣蘇努等議覆於歸化城推河備兵事摺（康熙五十四年四月二十三日）[1]-2582

議政大臣固山貝子都統臣蘇努等謹奏，為欽遵上諭事。

康熙五十四年四月二十二日乾清門藍翎喇錫傳諭，今予先備兵好，將此派黑龍江兵丁五百名，打牲索倫、打虎兒一併派五百名可也，再派三喀喇沁之兵一千名，每丁帶槍鳥槍可也。此二千名兵丁俱係打牲兵丁，著黑龍江兵丁、索倫、打虎兒兵丁由外面向歸化城進發。喀喇沁兵丁由彼處起程時，倘騎用伊等之牲畜，有廩餼米，抵湖灘河朔後，攜帶倉米可也，倘廩餼米短缺，攜帶唐三營之倉米，由分給八旗牧群之馬匹內給發喀喇沁兵丁每人各二匹馬騎用。歸化城、察哈爾倘與右衛予備之兵公同派往推河駐紮，任何一面俱可行走，將此交付議政大臣議奏可也，欽此欽遵。

臣等公同議覆，康熙五十四年四月二十二日乾清門藍翎喇錫傳諭，今予先備兵好，將此派黑龍江兵丁五百名，打牲索倫、打虎兒一併派五百名可也。再派三喀喇沁之兵一千名，每丁帶槍鳥槍可也，此二千名兵丁俱係打牲兵丁，著黑龍江兵丁、索倫、打虎兒兵丁由口外向歸化城進發可也，喀喇沁兵丁由彼處起程時倘騎用伊等之牲畜，有廩餼米，抵湖灘河朔後攜帶倉米可也，倘廩餼米短缺，攜帶唐三營之倉米可也，由分給八旗牧群之馬匹內給發喀喇沁兵丁每人各二匹馬騎用可也。歸化城、察哈爾倘與右衛予備之兵公同派往推河駐紮，任何一面俱可行走，著將此交付議政大臣議奏，欽此。所降上諭既甚周全，擬欽遵而行。查得昨議政大臣議覆，將右衛兵丁精選三千名，由將軍本人副都統一員現成予備可也，將八旗察哈爾、厄魯特、巴爾虎兵選一千名，由總管鏗特〔註162〕、富爾丹〔註163〕、常吉保〔註164〕、阿里渾〔註165〕等統領，帶往歸化城。倘行軍伏乞給發十個月野外錢糧米穀，錢糧由太原巡撫

〔註161〕　《清代職官年表》部院大臣年表作滿吏部尚書富寧安。
〔註162〕　《平定準噶爾方略》卷一頁十六作總管鑑特。
〔註163〕　《欽定八旗通志》卷三百十八作領侍衛內大臣公富爾丹，但常作傳爾丹。《平定準噶爾方略》卷一頁十六作總管傳爾丹。
〔註164〕　《平定準噶爾方略》卷一頁十六作總管常濟保。
〔註165〕　《平定準噶爾方略》卷一頁十六作總管阿禮渾。

處領取，米穀由歸化城倉領取帶往可也。由鄂爾多斯六旗派出二千名兵丁，於各旗形勝之地予備之，米穀亦酌量給發，由王多羅布〔註166〕、貝勒甘珠爾〔註167〕統領。烏喇特貝勒額駙阿寶〔註168〕選派本旗五百名兵丁，由伊本人統管，於該旗形勝之地現成予備之。由歸化城土默特二旗派出精兵一千名，遣都統新泰〔註169〕、副都統齊格〔註170〕亦予備之，倘行軍由各旗捐給十個月盤纏，此所有兵丁行軍時由將軍費揚古〔註171〕統領行走，等因具奏施行在案，既然如此，精選派出黑龍江兵丁五百名、打牲索倫、打虎兒一併精選派出五百名、此項兵丁既然有一千名，由將軍親自統領，不必前來，相應派出副都統一員、協領索倫總管副總管佐領防禦驍騎校等管理可也。此兵丁由所派之副都統親自帶領，由口外前往歸化城，抵歸化城後，由湖灘河朔倉領取十個月盤纏糧。右衛、察哈爾兵丁既俱給發十個月野外錢糧，是以黑龍江、索倫、打虎兒一千名兵丁，亦由太原巡撫處領取十個月錢糧。三喀喇沁之兵精選派出一千名，每丁攜帶槍鳥槍，此等兵丁由彼處起程時，按由該旗至歸化城里程給發盤纏，騎伊等牲畜前來，前往歸化城時，既然經過八旗牧群，由兵部派出章京一員，約定於商都河地方，將分與八旗牧群之馬匹每人各給發馬二匹。此等人倘有盤纏米，抵湖灘河朔後給發十個月米穀，倘彼處米穀短缺，由唐三營倉給發至歸化城之間米穀，由湖灘河朔照舊給發十個月之米穀，先前予備之右衛、察哈爾、歸化城之兵丁，於文到後五日內，由將軍費揚古帶領起程，現調動之黑龍江、索倫、打虎兒、喀喇沁兵丁陸續起程，前往推河可也。今將軍費揚古既帶領右衛等地兵丁前往推河，倘令額駙阿寶、六鄂爾多斯之兵丁前來歸化城，路曲折，出梁狼山，經郭多里，前往推河，聽將軍費揚古調遣，命下之日，為派遣黑龍江、索倫、打虎兒兵丁，由兵部緊急咨

〔註166〕《平定準噶爾方略》卷一頁十六作王董羅布。

〔註167〕《平定準噶爾方略》卷一頁十六作貝勒甘珠爾。

〔註168〕《平定準噶爾方略》卷一頁十作阿寶，《蒙古世系》表三十六作阿寶，顧實汗圖魯拜琥第三子巴延阿布該阿玉什之孫，父和囉理。

〔註169〕《欽定八旗通志》卷三百二十一作歸化城都統新泰。《平定準噶爾方略》卷一頁十六作都統新泰。

〔註170〕《平定準噶爾方略》卷二頁三十二作右衛副都統齊格。《欽定八旗通志》卷三百三十一康熙五十四年右衛副都統未載此人，時右衛副都統二人為羅察，索諾木喇錫。《欽定八旗通志》卷三百三十一載此時歸化城副都統有名齊奇者，疑即此人。

〔註171〕《平定準噶爾方略》卷一頁十六作右衛將軍費揚古。

文將軍楊福〔註172〕，動用正項錢糧，自文到之日起，俟妥協，派出理藩院章京一員，會同扎薩克等，酌量派出協理旗務之塔布囊各一員、旗內之賢能塔布囊都統副都統參領等，率三喀喇沁兵丁起程可也。黑龍江、喀喇沁、右衛、察哈爾、鄂爾多斯、烏喇特額駙阿寶將各自起兵日期報該部，給發唐三營、湖灘河朔之糧時由戶部派章京各一名、侍衛一名看視給發。此等給發兵丁之錢糧由太原巡撫派員送往歸化城給發，此等情由該部咨文知照右衛將軍費揚古、烏喇特額駙阿寶、鄂爾多斯王冬羅布、貝勒甘珠爾、閒散大臣祈里德〔註173〕、尚書富寧安等人。率喀喇沁兵丁前往時，派三扎薩克內何人之處，伏乞上裁，為此謹奏請旨。

　　議政大臣固山貝子都統臣蘇努。

　　議政大臣鎮國公都統臣普奇〔註174〕。

　　議政大臣領侍衛內大臣公臣額倫岱〔註175〕。

　　議政大臣領侍衛內大臣侯臣巴渾岱〔註176〕。

　　議政大臣領侍衛內大臣公臣瑪爾賽〔註177〕。

　　議政大臣都統管先鋒大臣臣郎圖〔註178〕。

　　議政大臣刑部尚書臣賴都〔註179〕。

　　議政大臣工部尚書臣赫奕〔註180〕。

　　議政大臣都察院左都御史臣揆敘〔註181〕。

　　議政大臣領侍衛內大臣兼管理藩院尚書事務公臣阿靈阿。

　　議政大臣領侍衛內大臣公臣海金〔註182〕。

〔註172〕《欽定八旗通志》卷三百三十一作黑龍江將軍楊福。

〔註173〕《平定準噶爾方略》卷一頁十五作散秩大臣祁里德。

〔註174〕《欽定八旗通志》卷三百二十一作滿洲正白旗都統作普琦。清太祖努爾哈赤長子褚英後裔。

〔註175〕《欽定八旗通志》卷三百十八作領侍衛內大臣公鄂倫岱。

〔註176〕《欽定八旗通志》卷三百十八作領侍衛內大臣侯巴渾岱。

〔註177〕《欽定八旗通志》卷三百十八作領侍衛內大臣公馬爾賽。

〔註178〕《欽定八旗通志》卷三百十八作右翼前鋒統領郎圖，《欽定八旗通志》卷三百二十四作蒙古正黃旗都統郎圖。

〔註179〕《清代職官年表》部院大臣年表作滿刑部尚書賴都。

〔註180〕《清代職官年表》部院大臣年表作滿工部尚書赫奕。

〔註181〕《清代職官年表》部院大臣年表作揆敘。

〔註182〕《欽定八旗通志》卷三百十八作領侍衛內大臣公海金。

議政大臣都統臣充古里〔註183〕。

議政大臣都統護軍統領臣伍格〔註184〕。

議政大臣兵部尚書公臣孫澂灝〔註185〕。

議政大臣兵部尚書臣殷特布〔註186〕。

議政大臣都統臣宗室延信〔註187〕。

議政大臣都統臣穆賽〔註188〕。

議政大臣都統臣胡西巴〔註189〕。

議政大臣禮部尚書臣赫碩咨〔註190〕。

兵部左侍郎臣覺和托〔註191〕。

理藩院左侍郎臣諾木齊岱〔註192〕。

右侍郎臣拉都渾〔註193〕。

奉旨，著格勒爾〔註194〕前赴喀喇沁軍中可也，派出塔布囊，將侍衛色楞〔註195〕授副都統派出，喀喇沁兵丁前往之時，用車裝盤纏運往，倘車上另派人必多用米，駕車人包括於此千名兵丁之內，總管布柱〔註196〕、哈特虎〔註197〕之子伊里布〔註198〕著前赴索倫、達呼爾軍中，其餘朕已改出，依議欽此，此係眞正所降之旨。

〔註183〕 《欽定八旗通志》卷三百二十一作滿洲正白旗都統崇古禮。普琦於康熙五十一年十一月任滿洲正白旗都統，則崇古禮此時已不爲都統。

〔註184〕 《欽定八旗通志》卷三百十八作護軍統領五格。《欽定八旗通志》卷三百二十四作蒙古正白旗都統五格。

〔註185〕 《清代職官年表》部院大臣年表作漢兵部尚書孫澂灝。

〔註186〕 《清代職官年表》部院大臣年表作滿兵部尚書殷特布。

〔註187〕 《平定準噶爾方略》卷六頁十二作都統延信。清太宗皇太極長子豪格後裔。

〔註188〕 《欽定八旗通志》卷三百二十四作蒙古正藍旗都統穆賽。

〔註189〕 《欽定八旗通志》卷三百二十一作滿洲鑲藍旗都統瑚什巴。

〔註190〕 《清代職官年表》部院大臣年表作滿禮部尚書赫碩咨。

〔註191〕 《清代職官年表》部院滿侍郎年表作兵部左侍郎覺和託。

〔註192〕 《清代職官年表》滿缺侍郎年表作理藩院左侍郎諾木齊岱。

〔註193〕 《清代職官年表》滿缺侍郎年表作理藩院右侍郎拉都渾。

〔註194〕 《平定準噶爾方略》卷二頁三十二作喀喇沁塔布囊額駙格勒爾。

〔註195〕 《平定準噶爾方略》卷二頁二十二作一等侍衛色楞。

〔註196〕 《平定準噶爾方略》卷一頁二十一作總管布珠。

〔註197〕 《平定準噶爾方略》卷一頁二十一作哈特虎。

〔註198〕 《平定準噶爾方略》卷一頁二十一作伊禮布。

[36] 甘肅巡撫綽奇奏聞由肅州往哈密運輸軍糧摺（康熙五十四年四月二十六日）[1]-2583

奴才綽奇謹奏，為奏聞事。

先前奴才業經將提督總兵官率官兵出口及奴才本人由蘭州起程日期奏聞，四月二十四日據提督師懿德來文稱，劫掠哈密之賊聞大軍前來，業經於四月初七日逃竄，因復返之處不可料定，故派總兵官路振聲率官兵暫住哈密，預備四十日口糧等語，業已奏請諭旨。奴才竊思賊雖逃竄，然總兵官親率官兵駐口外，運輸軍糧亦甚緊要，奴才本人現既前來肅州附近，即前往肅州，查看軍糧後，毫不耽延運抵，倘有與提督商辦之事即行料理，查看事態後倘並無商辦之事，奴才即返回蘭州，為此具摺恭奏以聞。

硃批，大軍之米穀錢糧所關甚要，不可稍有耽延，現值有事之際，為臣者可得効力之機矣，勉之。

[37] 頭等侍衛阿齊圖等奏聞防備策妄喇布坦情形摺（康熙五十四年四月二十七日）[1]-2587

頭等侍衛奴才阿齊圖，郎中奴才常壽，員外郎奴才舒金泰〔註199〕謹奏，為奏聞事。

先前提督師懿德，肅州總兵官路振聲等以策妄喇布坦兵入哈密等情咨文後，奴才等公同會議後，令領催浩尙、猛克等帶領通事以問原王扎西巴圖爾、貝勒戴青和碩齊、色布騰扎爾〔註200〕、額爾德尼額爾克托克托柰〔註201〕、台吉蘇爾扎等安為由，察看伊等形勢，探信後返回，俟領催等返回後，將所探之信另行奏聞等因，業經具奏，四月二十六日據領催浩尙、猛克等前來告稱，臣等抵所指之地，經向伊等問安探信，據左翼貝勒額爾德尼額爾克托克托柰告稱，臣等聞得策妄喇布坦之兵前來搶掠哈密一個村子，故臣等派員往告我左翼眾台吉，策妄喇布坦極狡黠，前來我青海之地亦不可料，無論如何各屬兵丁務要予備等語，臣亦遣員赴布隆吉爾探信，俟返回後，再告大臣等語。

〔註199〕第二十六號文檔作員外郎蘇金泰。

〔註200〕《蒙古世系》表四十三作色布騰札勒，準噶爾部巴圖爾渾台吉孫，其父卓特巴巴特爾。

〔註201〕《蒙古世系》表三十六作額爾德尼額爾克托克托鼐，顧實汗圖魯拜琥第四子達蘭泰之孫，其父袞布。

再臣等經於所到之處探信，並無異樣消息，皆照常安居，惟去年冬季降大雪，今年春季以來，陸續降雪颶風，因天寒，所出之青草皆死，四種牲畜倒斃甚多，因至今無青草，馬不能備鞍，羊無草喫，觀之河南貝勒戴青和碩齊等住地牲畜死者更不忍睹，人患病者亦多，逢此災荒之季，貝勒戴青和碩齊又令向小呼畢爾罕貢旦蘇克，其屬下之人均限馬駝牛羊金銀之數，於四月十五日進獻旦蘇克，屬下之人欲貢牲畜然不能抵達，欲賣又難賣得價錢，故更改日期，定於五月初五日貢旦蘇克，屬下之人皆抱怨，戴青和碩齊又曉諭其屬下之人不准騎騙馬，兩支鳥槍間要備百根繩子等語。再四月二十五日接准理藩院咨文稱，議政大臣議奏，西寧青海方面既然有事，故侍衛阿齊圖、郎中常壽、員外郎舒金泰暫駐西寧辦事，因青海左翼之人駐地距哈密近，策妄喇布坦之兵前來哈密之處，並未知悉，亦不可料，由侍衛阿其圖〔註202〕行文明白曉諭青海左翼之人，各令予備可也，貝子阿拉布珠爾〔註203〕既然與噶斯路相近，亦行文命伊等予備等語，奉旨，依議，欽此欽遵。奴才立即將咨行青海左翼貝勒貝子公台吉等，因策妄喇布坦之兵搶掠哈密所屬邊界一個村子，甘肅提督師懿德、肅州總兵官路振聲與臣本人率大軍於四月初二日出嘉峪關，向哈密起程之文具奏，奉旨，青海左翼之人駐地距哈密近，策妄喇布坦兵前來哈密之處伊等不知，亦不可料，由侍衛阿齊圖〔註204〕行文明白曉諭青海左翼之人各令預備可也，貝子阿拉布珠爾既然與噶斯路相近，亦行文，各令予備，吏部尚書富寧安，西安將軍巡撫帶領西安滿漢大軍作速啓行進討，策妄喇布坦之兵前往青海之處亦不可料，西寧之兵既與青海相近，西寧總兵官屬下兵及河州洮州兵俱現成予備可也，四川松潘亦與青海相近，亦令松潘兵現成予備，欽此欽遵，業經咨文爾等，爾等遵聖主所降諭旨，令各路兵現成予備，爾等屬下之兵共有多少，作速繕文遣妥員送給臣等，各遣員探訊作速報來，倘有策妄喇布坦之兵前來青海之訊，臣等亦與大軍一起出西寧口，前往險要之地駐紮等因，業經行文曉諭，為此恭奏以聞。

硃批，覽此奏情形，阿齊圖怕了，嗣後再看。

〔註202〕《平定準噶爾方略》卷一頁十一作侍衛阿齊圖。
〔註203〕屬土爾扈特部，《蒙古世系》表四十七作阿喇布珠爾。
〔註204〕原文作阿圖，今改正為阿齊圖，《平定準噶爾方略》卷一頁十一作侍衛阿齊圖。

[38] 議政大臣蘇努等議覆派兵駐紮噶斯口事摺（康熙五十四年四月三十日）[1]-2589

議政大臣固山貝子都統臣蘇努等謹奏，爲欽遵上諭事。

康熙五十四年四月二十九日乾清門藍翎喇錫傳諭，著交付議政大臣，守噶斯口派二千名兵丁，派滿洲兵一千名，綠旗兵一千名，應先行派出遣往，著將此議奏，欽此。降旨甚是，欽遵而行，查得議政大臣議覆，已調西安滿洲兵三千名，總督屬下督標營兵丁二千名，西安將軍席柱〔註205〕，滿洲副都統一員，副將一員，今倘另行調兵，又必久需時日，既然如此於此調動之兵丁內由將軍席柱酌量派出滿洲兵一千名，綠旗兵一千名前往噶斯口，駐紮要隘處，嚴禁往來行人，此等兵丁一俟文到，即作速〔註206〕分別遣往可也，帶領前往時由此處派出大臣，或交付西安副都統、副將管理之處，伏乞皇上指示，爲此謹奏請旨。

議政大臣固山貝子都統臣蘇努。

議政大臣領侍衛內大臣公臣額倫岱。

議政大臣領侍衛內大臣公臣阿靈阿。

議政大臣領侍衛內大臣公臣海金。

議政大臣都統兼管先鋒大臣臣郎圖。

內閣大學士臣嵩祝。

議政大臣兵部尙書公臣孫澂灝。

議政大臣都察院左都御史臣揆敍。

硃批，於與富寧安同去之人內揀選一員，於西安先去噶斯之協領中揀選遣往，於千名綠旗內遣派賢能副將可也。

[39] 議政大臣蘇努等奏請給發官兵軍器等情摺（康熙五十四年五月十四日）[1]-2599

議政大臣固山貝子都統臣蘇努等謹奏，爲請旨事。

行在兵部奏稱，據防守黑龍江等處地方副都統白濟〔註207〕來文內稱，打牲索倫、打虎兒官員、五百打牲人既無軍器，擬將我處不去之兵丁之甲胄等軍器撥給派往軍中之打牲官員、打牲人，可否之處，視部咨文遵行等語。今

〔註205〕《欽定八旗通志》卷三百三十一作西安將軍席柱。

〔註206〕原文作印作速，今改正爲即作速。

〔註207〕《欽定八旗通志》卷三百三十一作黑龍江副都統白濟。

兵丁起程之日既近，即咨文該副都統立即將本地不前往軍中之人之甲盔等軍器，量其敷用辦理，給發派往軍中之打牲官員、打牲人可也，將辦給之甲盔軍器數目報部等因，於康熙五十四年五月十三日交奏事員外郎雙全〔註208〕、司庫蘇成額〔註209〕、洗馬楊萬成〔註210〕、編修克勒倫〔註211〕轉奏。本日奉旨，議政大臣議奏可也，欽此欽遵。

臣等公同議覆，查得派往軍中之索倫、打虎兒兵丁五百，其中總管一員、副總管三員、佐領十八員、驍騎校十八員、滿洲副總管二員，有現成之甲盔軍器，此外俱無軍器，既然如此，無甲盔軍器之官員三十八員，擬將京城八旗官員現成之甲盔帶來給發，至五百索倫、打虎兒兵丁由八旗馬兵甲盔內領取給發，此等人之弓既然俱硬，令各帶本人之弓可也，官員三十八員、五百名索倫、打虎兒兵丁，每人給發馬占箭十支、迅針箭四十支、撒袋一個腰刀一把，兩人給發槍一支，此等給發之甲盔軍器交付八旗都統，分別於各旗內挑選甲盔，於前鋒護軍馬兵營內挑選頭等標準馬占箭及迅針箭帶往。再撒袋腰刀槍亦選好的給發，此等給發之盔甲軍器之缺，由該部給發價值補建可也。又查得綿甲於三十五年是否給何處兵丁之處，業給咨文查核，除到後另議外，現庫內既貯存綿甲九千二百零一套，由其中領一千套給發此次前往之黑龍江兵丁、索倫、打虎兒兵丁，將工部所貯之鳥槍帶二百支，將夠放三百次之藥鉛子一併送去，交付副都統白濟，給發索倫、打虎兒兵丁可也。此等兵丁前來歸化城後，既然領取米穀，是以此等給發之甲盔綿甲鳥槍等軍器，派出兵部章京一員，馳驛運至歸化城，明白交付副都統白濟，辦理給發可也。黑龍江兵丁、索倫、打虎兒兵丁，途中仍取平常之路，選好水草地、水，餵養馬匹行走可也，為此謹奏請旨。

議政大臣固山貝子都統臣蘇努。

議政大臣領侍衛內大臣侯臣巴渾岱。

議政大臣領侍衛內大臣公臣額倫岱。

議政大臣領侍衛內大臣公臣阿靈阿。

議政大臣領侍衛內大臣公臣海金。

〔註208〕《康熙起居注》康熙五十五年五月初一日記作奏事雙全。

〔註209〕《康熙起居注》康熙五十五年五月初十三日記作烏林達蘇成格。

〔註210〕《康熙起居注》康熙五十五年五月初一日記作洗馬楊萬程。

〔註211〕《康熙起居注》康熙五十五年五月初一日記作編修奇勒倫。

大學士臣嵩祝。

議政大臣都統臣孫渣齊。

議政大臣都統兼管先鋒大臣臣郎圖。

議政大臣兵部尙書公臣孫澂灝。

議政大臣都察院左都御史臣揆敍。

硃批，此議甚盡，依議。

[40] 康熙帝向厄魯特人詢問策妄喇布坦情形事（康熙五十四年五月十九日）[1]-2600

康熙五十四年五月十九日回子佐領色珀爾〔註212〕解來於哈密拏獲之策妄喇布坦之厄魯特人滿濟〔註213〕，皇上親自面詢，策妄喇布坦之兵抵爾哈密侵掠何村，戰況如何，策妄喇布坦之二千兵，我方一千兵對陣，視其戰況，我方兵多，或彼方兵多，策妄喇布坦之兵死戰耶，或膽怯不願戰，我漢軍及遊擊潘至善〔註214〕何如，敵人被殺幾何，我方傷亡幾人，其牲畜如何攜之去，是否踐踏農田，田禾是否受損，現有糧石食至秋季，可否足矣，爾等回子今安諸否，被俘解走者逃回後，如何談論策妄喇布坦之兵與我方之兵對戰情形。色珀爾奏言，策妄喇布坦之兵至，初來侵我托郭樓村，我回子等迎戰，殺其十二人，我方二人陣亡，從此四村人聞訊，皆已進入哈密城，與策妄喇布坦兵戰時雖其兵有二千人，而我方僅一千兵，然策妄喇布坦之兵陣容不齊，均隱蔽緩緩而動，觀之兵勢相等，觀其作戰，策旺喇布坦之兵作戰不甚奮勇，似有膽怯之狀，遊擊潘至善材技優長，夾立兩軍之間，奮勇拔刀，召喚兵丁上前進，但對準人開槍射箭，等因催戰，另一守備亦材技優長，亦催兵丁攻戰，兵丁開槍射箭，各自奮戰，策妄喇布坦之兵持槍兩次猛攻，我方兵丁歸然不動，故敵溜邊敗走，我兵丁徒步緊追，進陣放槍砍殺，甚是奮勇〔註215〕，極爲嫻熟，厄魯特被殺八十四人，我方陣亡七十二人。再我被擄回子等逃回告稱，厄魯特內計其受傷致死者，共三百餘人，另受傷者亦甚多，據彼等言稱，我等亦與哈薩克、布魯特戰，不曾相遇如此強敵，上槍放槍，神速熟諳，射箭亦極佳，俱皆奮勇，因其兵少，我等得以活命，若再多些，則我等想不

〔註212〕 《平定準噶爾方略》卷二頁七作色珀爾。

〔註213〕 《平定準噶爾方略》卷二頁三作曼濟。

〔註214〕 《平定準噶爾方略》卷一頁十八作遊擊潘至善。

〔註215〕 原文作鋒勇，今改爲奮勇。

能歸還等語。先我等意爲厄魯特強悍，似勝過我等，仰賴聖主之威，觀此次戰役，亦與我等回子無異，並無強於我等之處，又我等農田未遭踐踏，有一二村莊糧石被擄走，餘糧均被放火焚燒，額敏牧群及時趕入城內，並無受損，放於山中之牧群牛羊、牧放馬群之數人均被擄走，我等現有糧石，秋收之前足食。再我額敏奏言，仰賴皇上之威，倚靠二百漢軍我等得救，城市得以堅守，又總兵路振生〔註216〕之兵前來駐此，故我等堅固如山，嗣後承蒙皇恩，將安居樂業，無所憂悒等語。

問被擒厄魯特滿濟，爾係策妄喇布坦屬下何部落之人，住於何處，爾之爲首寨桑係何人，爾方之兵何時起程，幾日後抵達哈密城，前來幾千兵丁，今無故來侵我哈密，原因何在，爾雖係小民，不知緣由，但聞輿論如何，凡事如實招來，爾雖爲敵人，而聖主至仁，斷不會殺爾，諒你知之，罪魁禍首爲策妄喇布坦，與爾等何干，俟頒賞後，將爾遣回爾故地等語。滿濟報稱，我爲策妄喇布坦屬下托布齊寨桑〔註217〕部落之人，住於寨爾地方，本年二月二十五日自策妄喇布坦處遣人派我托布齊部落人二百五十名欲侵哈密，故派我等，於二十六日起程，每丁攜帶撒袋，有鳥槍之人帶鳥槍，每兩人撥給一月乾糧羊一隻米一袋馬各三匹，分別乘騎，行十九日抵博克達山策妄喇布坦屬下人達希地方，留瘦馬各二匹，從彼換乘馬各一匹，自達希地方行十日於三月二十四日抵哈密，爲不令哈密哨兵發覺起見，晝伏夜行，圍哈密城以北托郭樓村擄掠，因此回子等與我拒戰，被殺二人，我厄魯特人陣亡十二名，遂於二十四日我托克托寨桑派我二百兵，扼守哈密至嘉峪關送信之路，我即在此二百兵之內，二十五日晨我厄魯特三人見回子牛三四頭欲取之時有回子五人至，欲與我戰，我同伴二人因馬好逃脫，而我所乘馬羸瘦，回子即持槍來刺我，我用槍阻擋其槍，回子我二人抱成一團，又一回子來砍我頭，將我拏獲，被擒當日解至哈密城內，與另兩名被擒者一併夾訊，因一厄魯特傷勢重，不堪夾訊而死亡，另一名因病而死，我尚年青，今年二十二歲，我原爲土爾扈特地方之人，我土爾扈特阿玉奇汗〔註218〕之子三濟扎布〔註219〕當年與其父有隙，率一萬人來投策妄喇布坦，策妄喇布坦執我台吉三濟扎布送還土

〔註216〕《平定準噶爾方略》卷一頁十三作總兵路振聲。
〔註217〕《平定準噶爾方略》卷四頁十八作托卜齊。
〔註218〕《平定準噶爾方略》卷二頁三作阿玉奇汗。
〔註219〕《平定準噶爾方略》卷二頁三作三濟扎卜，土爾扈特阿玉奇汗之子。

爾扈特地方，將我一萬土爾扈特人分給伊屬下各部落寨桑，將我父母我自身及弟分給托布齊寨桑部落，因我並非準噶爾人，全然不曉，我等發兵來時曾聞準噶爾之厄魯特內年老兵丁議論，我策妄喇布坦歷年用兵，侵掠殺戮，身罹顯禍，竟輕犯天朝，是何意，怪哉，並不懂，今若侵吞哈密，明日則即吐出，此乃大國，豈肯甘休，太不自量，異哉，猶不耕食安生，是何意，若大兵來討，奈何，利器齊整，未曾試用等語。去年厄魯特於我阿爾泰山打牲，喀爾喀執一厄魯特以去，殺厄魯特一人，然聞哈密現駐漢軍二百，本年又增駐一千兵丁屯田等語，哈密人阻止我貿易回子，以此欲蹂躪哈密，掠奪所有牲畜，踏毀農田，破壞城池，因於二月策妄喇布坦派其心腹二人爲首，率兵五百來佔據哈密以北哨探，爲首二人相爭，其一人聲言，策妄喇布坦令攻打回子，另一人則聲稱不曾下令交戰等因，爭執而回，由此觀之懼而未來侵犯，據聞策妄喇布坦已治罪其部下人，繼之發兵二千，遣我等前來等語。

又問策妄喇布坦彼處人生計如何，兵有幾何，每部落男丁幾何，爾土爾扈特人有幾何，衆人心情如何。滿濟報稱，我一部落人有一千五百戶，其中首富者有羊二三百隻，有牛馬一百者，則可謂富裕超衆，以耕田爲生，徵正賦無度，每年兵丁哨探，均向我等屬下索取，凡墊靴之烏拉草衣服皮張馬羊等諸物，無所不取，然而我部落內每年向四十丁強取滋丁四人，該四滋丁所需牲畜住房皆向衆人均取，使屬下人深受傷害，但除和碩特、土爾扈特、輝特、杜爾伯特衆台吉屬下人外，策妄喇布坦所屬十四部落之人納賦頗重，人皆怨之，再去歲十一月策妄喇布坦所居伊黎河、哈斯、特克斯、崆吉斯、希喇伯勒等地方雪深七扎餘，據聞有三百馬群者僅剩馬一二匹，羊隻盡斃，唯博羅塔拉至博克達山，我等所居寨爾山、額敏等地方，牲畜雖被寒倒斃，然爲數不多，托克托等自伊犁來時因無乘騎之馬，改乘駝一百抵達希地方，該軍來時本欲路經吐魯番攜百名回子同來，但恐回子不可信，走漏消息，故從外繞至哈密，再去歲策妄喇布坦之子率兵一萬往征安集延地方之布魯特，我亦曾隨軍前往，因地方惡劣，馬匹羸瘦，五百兵雖被殺投降，但收穫並不多，兵既返還，已染彼地瘟疫，因出痘，瘟疾，我托布齊部落人死亡百餘男丁，據言於策妄喇布坦所居伊犁地方亦死亡多人。再我土爾扈特一萬餘人俱愁苦度日，各有戀土之心，惟期有一變故，乘隙奔回故土，若不能到達，則來歸天朝，以安生計，今衆人雖欲脫逃，然策妄喇布坦派兵一千五百，固守我北山隘口，是以無計可逃，倘遇戰亂，或哈薩克來侵，天朝派兵來討，則我等得以歸回故土。又準噶爾屬下厄魯特驕矜，揚言其人有七萬八萬之衆，出兵哈薩克、布魯特地方，派兵一千則聲言派兵一萬，我土爾扈特合計爲一萬人，又佯稱爲五萬人，策妄喇布坦之兵略計有二萬，加之其喇嘛及好壞人等，有三萬人，如今於哈薩克、布魯特、阿勒泰等諸地，均駐軍設防，每年用兵，人心恐慌，與我等同來之兵丁皆言，來侵哈密，若天朝大兵來討，則我等連衣服馬匹皆損失無干死等語。除此我再無他聞，我於哈密被擒，曾想必死，據云將我解來大皇帝前，故我想決不會死等語。

問滿濟日，現將爾放回，爾意下如何，滿濟言，將我遣回，策妄喇布坦必殺我，若遣我與大兵同往，則我要去，獨自返回必遭殺害等語。問遣爾與我使臣同往何如，伊言稱，若有使臣，則仰賴皇上威福，得以與父母完聚，倘無父母兄弟，則不於此處安生，何需返回，但不忍丟棄父母，惟感激皇上矜養之恩等語。

問畢具奏，奉旨，策妄喇布坦處著遣使臣分兩路前往，是次自齊里德〔註220〕處派前往効力之原任員外郎保柱〔註221〕，原任主事孟克，富尼阿〔註222〕處派藍翎克什圖〔註223〕，去歲自喀爾喀哨探處拏獲解來之厄魯特人及現自哈密擒來之厄魯特人，由此兩路分遣，（其厄魯特人著由哈密路派往，自哈密擒來之厄魯特人，自推河〔註224〕派往），隨克什圖〔註225〕再派一人隨克什圖前往，該二路使臣賫同樣敕書前往，敕書內載，去歲將我喀爾喀哨所之人爲爾方之人擄走，時我喀爾喀哨探人追去，殺爾打牲人一名，擒一人解來，將我前往吐魯番貿易之哈密回子，爾等執之不令放回，故從我處吐魯番行文與爾，不知到與否，今爾無故領兵二千來侵我哈密，與我二百漢人（回子）交戰，被戰敗[三次]，遁至二十里外，爲我方俘獲，爾厄魯特人言，哈密回子阻止一切使臣乃至奏書，是以前來擄掠哈密等語，今爾無故來侵我哈密，故（目下已備）我四路[大]軍[進剿]，今[斷不甘休]（難甘休），從前爾雖狂妄啓奏，然朕爲天下（一統）主，[大]故一直予以寬容，況爾初奏請云令我等喀爾喀、厄魯特、青海之衆皆復舊業，以安衆生等語，今爾可令和碩特與和碩特兄弟完聚，

<hr>

〔註220〕《平定準噶爾方略》卷一頁十五作散秩大臣祁里德。
〔註221〕《平定準噶爾方略》卷二頁五作原任員外郎保住。
〔註222〕應爲富寧安，《清代職官年表》部院大臣年表作滿吏部尚書富寧安。
〔註223〕《平定準噶爾方略》卷二頁五作藍翎克什圖。
〔註224〕原文作堆河，今改正爲推河。
〔註225〕原文作克什，今改正爲克什圖。

安置其故地，遣土爾扈特往土爾扈特地方完聚，輝特與輝特兄弟完聚，其在我處之輝特，朕亦令與輝特完聚，安置其（原牧地）阿拉克山居住，（令杜爾伯特與杜爾伯特兄弟完聚，在我處之杜爾伯特亦令與杜爾伯特完聚）拉藏汗之子，爾可（作速）送還其父拉藏，爾祇領準噶爾之眾，居於僻處額爾齊斯地方則已，又準噶爾之眾，乃皆（前朕索要）我方[俘獲]（之人），知而（給與）[賞賜]爾（者）[之人]，（伊等亦厭爾）[我方識認者。]爾厄魯特數次與我方交戰，（彼此皆知）[被擊敗，心膽俱裂者]，爾處人心不睦，各爲身計，此我皆知，（爾亦知之，故此令看守我所遣使臣，不與生父母兄弟相聚，誰人不知，人又可欺耶）爾果欲起兵，此等人（朕皆當收養，誰不欲享太平，乃肯爲爾尋死）[又起兵耶]，況我用兵，並不隱瞞，今爾自稱好漢，頗爲衆生靈，誠爲好漢，可親身前來，我等會面盟定，不然恐爾又詭稱（使臣）不能盡達爾言也，前爾屢奏朕之使臣不通，中途被人阻隔，朕因遣使諭爾會議，時爾奏請曰算丟棄我數戶人罷，又我僻處一隅，於這邊界地，有可効力之處，情願報効等語。因何又無端（食言），來侵我哈密，今若不會盟（面議），斷無了期，若起征戰，則中間衆生靈受累，爾若畏懼不來，則爾向稱爲衆生靈者皆虛也，爾若不來，則朕躬或遣王、諸阿哥大臣等即[領兵]赴爾地，今爾不得再做支吾，必與此所遣使臣裁定後遣之[此兵並非伐爾，特爲與爾會面議斷而隨行之兵]等語。繕寫，交付議政大臣從速詳議，將此亦交付京城議政大臣等會議，朕經歷軍事甚多，今問其言，與朕所預料者相合，毫無不同之處，朕胸有成竹，乘彼人馬瘦弱窮困之時，堅信我等原議，應兩路興兵，扼要駐紮，遣使往諭，若策妄喇布坦遣使隨我使臣來，則應一同攜來，擬此旨奏覽，欽此。

[41] 和碩簡親王雅爾江阿等奏報阿音圖願赴軍營効力摺（康熙五十四年五月二十九日）[1]-2604

宗人府和碩簡親王臣雅爾江阿〔註226〕等謹奏。

竊准鑲藍旗閒散宗室阿音圖〔註227〕呈文內稱，於康熙三十七年叩請爲上効力時將阿音圖我超擢爲頭等侍衛，仰賴聖主鴻恩，陸續由頭等侍衛陞至都統重任，奴才阿音圖並無爲皇上効力之處，因奴才實屬庸懦，有干法

〔註226〕清太祖努爾哈赤同母弟舒爾哈齊後裔。
〔註227〕《欽定八旗通志》卷三百二十七作漢軍正黃旗都統宗室艾音圖，康熙四十三年八月任。

紀，蒙聖主愛養之恩，免奴才死，予以收養，鎖禁於室，不加捆綁，適蒙聖主殊恩，得以釋放，奴才謹請自力赴軍營，照皇上指示効力等語，為此謹奏請旨。

和碩簡親王臣雅爾江阿。

左翼鎮國公臣吞珠〔註228〕。

左司郎中加一級臣雅斯海。

硃批，著他去罷。

[42] 鎮國公吞珠等奏報富永呈請赴軍前効力摺（康熙五十四年五月二十九日）[1]-2605

宗人府左翼鎮國公臣吞珠等謹奏。

竊准和碩簡親王雅爾江阿來文內稱，接准臣之隨從食八十兩俸祿之閒散宗室富永呈稱，奴才富永於康熙三十七年叩請為聖主効力時將奴才擢為三等侍衛，於四十一年又陞為二等侍衛，因奴才庸懦，於四十八年革去侍衛，交付該王為隨從，茲奉聖諭，倘有無力自備者，則撥給馬匹盤纏等赴軍前奮勇効力，欽此。奴才富永願拼命効力等語，為此謹奏請旨。

左翼鎮國公臣吞珠。

右翼鎮國公額勒圖〔註229〕。

左司郎中加一級臣雅斯海。

硃批，著他去罷。

[43] 兩江總督赫壽奏願捐銀平定策妄喇布坦摺（康熙五十四年六月初六日）[1]-2610

奴才赫壽〔註230〕謹奏，為表微誠仰祈明鑒事。

竊思皇帝恩威普照如日月之明，四海之內皆蒙教化，往者噶爾丹〔註231〕倡亂，犯我邊陲，聖躬三次發大軍進討，簡師命將，廟算如神，噶爾丹指日灰滅，奴才於中路、西路兩次扈從聖主，故而稔知，今策妄喇布坦不受皇帝之仁德教化，仍蹈噶爾丹之惡，來犯我屬哈密地方，上天不允，自行尋死，覽家書，奉旨，動用庫銀於直隸等省採買馬騾，欽此。奴才荷蒙聖主重恩，

〔註228〕《清代職官年表》部院大臣年表作禮部滿尚書宗室鎮國公吞珠。
〔註229〕《欽定八旗通志》頁五一一三卷二百七十三作額勒圖。
〔註230〕《清代職官年表》總督年表作兩江總督赫壽。
〔註231〕屬準噶爾部，《蒙古世系》表四十三作噶爾丹，巴圖爾渾台吉之子。

任省任四載〔註232〕，雖悚懼恭守，然除豐厚使用外，仍多有剩餘，此俱係聖主鴻恩，今不能身歷戎行，且惟爲自身生計籌度，微薄之力不出，心實不安，奴才情願捐銀一萬兩，採買給發兵丁之馬畜可也，俟聖主惠愛批准後，奴才即交送部庫，爲此謹奏。

硃批，各省督撫並未具奏，爾奏不合，倘用此銀採買四川湖廣米穀，可得二萬石，即貯江寧，於事有益，戶部之銀甚爲充盈，此一萬兩銀，並無關係。

[44] 兩江總督赫壽請安摺（康熙五十四年六月初六日）[1]-2611

奴才赫壽匍匐恭請聖主萬安。

硃批，朕體安，今年北部口外盛京、烏拉各處麥子整齊豐收，今雨水甚調勻，看得省內地方隨意將無據之事繕報寄送者甚多，今策妄喇布坦犯我哈密回子，遣來二千，被我綠旗兵二百哈密回子五六百擊敗，不屑一顧，業經潰去，故來年進兵罰罪，業已議畢，爾滿洲人也，恐爾聽信漢人妄傳之言，故將原委大概繕寫知會。

[45] 議政大臣蘇努等奏報籌畫剿滅策妄喇布坦事宜摺（康熙五十四年六月十二日）[1]-2617

議政大臣固山貝子都統臣蘇努等謹奏，爲欽遵上諭事。

西安將軍席柱等奏稱，臣等伏思皇帝天生寬仁，不分內外惠愛赤子，俾黎民皆太平安逸度日，策妄喇布坦雖疊次違旨而行，然主子如天地包容，皆予寬免，今策妄喇布坦無緣掠我哈密，特自尋死地，應予剿滅，吐魯番與哈密交界，且係策妄喇布坦咽喉要地，不可不先取吐魯番，查得西安有滿洲兵丁三千名，督標營兵丁二千名，連同甘肅提督屬下兵丁及肅州總兵官路振聲帶出之兵丁，共有九千名，其中除派滿洲綠營兵各一千名扼守噶斯路口外，臣等進兵時既有沿途駐臺，運糧之事，故於布隆吉爾、巴里坤兩處由臣等所帶綠旗兵內，每處各派五百兵駐守，目今進討之兵有滿洲兵二千名，綠旗馬兵三千名，步兵一千名，既然如此，請將涼州總兵官下屬兵增派一千名，寧夏總兵官下屬兵增派一千名，並按此派出幹練副將參將遊擊守備等官員可也，目下正值炎熱之時，因蚊子瞎蒙馬駝辛苦，且於戈壁行走困難，西安滿洲綠旗五千兵騎來之馬匹，既然俱已行走三千里，不可不餵，西安滿洲綠旗

〔註232〕原文作四裁，今改正爲四載。

兵既然陸續到來，故將北四旗一千名兵丁留涼州，於五月二十五日起開始餵馬，前來甘州之四旗一千名兵丁，於六月初一日起餵馬，督標營屬綠旗一千名兵丁駐肅州，自到達之日起餵馬，餵此馬匹時皆按三十六年部定之數，取草料餵養五十日，甘州涼州等地綠旗兵既然深進，馬匹不可不餵足餵肥，故亦令各處按此領草料餵之，寧夏之兵帶至甘肅等地，自到達之日起，領草料餵之，嚴令滿洲綠旗官兵務必謹慎餵肥馬匹，總兵官路振聲之兵仍駐防哈密，等候大軍，一並進討，其口糧錢糧交付巡撫雍泰〔註233〕，陸續辦理可也，大軍於七月二十日起挺進，嘉峪關至哈密三路雖皆係戈壁，然仍可列隊行走，所遣往看哈密路之侍衛金巴，藍翎侍衛科西圖〔註234〕等前來後，再按伊等所看應進兵之路，將臣等之兵酌量編隊，陸續巧爲行進，走哈密太陽升起方向之塔爾納沁路，約定於八月十五日前後於巴里坤等水草豐盛之地會合，使馬駝休息幾日後，走哈密之北大山背陰一面之烏蘭烏蘇路，於九月初五六日後抵辟展，吐魯番對面，翻過山後，抵達吐魯番城附近，派員前往招撫，倘不歸順，臣等即攻克該城，定吐魯番後，兩索爾通一面各自平定葉爾羌、喀什噶爾、阿克蘇、庫車等回子，一面向哈薩克、布魯特報信，臣等所帶滿洲綠旗兵八千名，炮鳥槍火器甚多，蒙聖主威福，非惟取吐魯番甚易，即策妄喇布坦親自前來救援，亦將被剿滅，平定吐魯番後，臣等所領之兵視吐魯番布克達山陰一面水草之地暫駐紮，等候自喀爾喀進討之大軍信息，兩軍互通信息進兵，若有應請旨之事，再作速奏請聖旨，若遇時機，即遵主子指教，立即酌情而行，又奉旨，我軍隨喀爾喀兵丁進討，甚爲牢固，欽此。此旨甚是，策妄喇布坦乃甚爲奸宄之人，聞我大舉進兵消息，由博羅塔拉經東北烏梁海，向喀爾喀奮力行走之處亦不可料，若我軍隨喀爾喀軍，從科布多、額爾齊斯直搗策妄喇布坦巢穴，噶斯路之軍已守，且臣等此路之軍自吐魯番進兵之時此三路之軍也可扼住策妄喇布坦，俾其窮竭至極，由是臣等可視合適近處，遣員勸降，若策妄喇布坦不降，即會同剿滅之，大軍既出，邊口不可不固，行文松潘西寧總兵官等照先前現成予備可也，西寧口內多巴等處嚴加號令，不准不相識之回子蒙古貿易，不斷探信，嚴加防守，由嘉峪關隨大軍所駐之臺關係緊要，既然臺上男丁不可信，故每臺派駐馬兵十名，此等兵丁除臣等帶進之大軍外，交付該提督另行遣派。又查得先前派往昭莫多之兵，皆發給

〔註233〕《清代職官年表》巡撫年表作陝西巡撫雍泰。
〔註234〕《平定準噶爾方略》卷二頁五作藍翎克什圖。

四個月口糧，每口發給馱米之馬一匹，此次進兵之地既近，故各令帶兩個月口糧，每兩個合給馱米之馬一匹，至綠旗官兵，除該提督仍將營內之馬撥給作運糧馬匹外，臣等此次大臣滿洲綠旗官兵跟役，駐臺人員，駐噶斯官兵跟役總口數，炮手等所騎馬匹，馱炮、藥、鉛子馬匹，所需馱糧馬匹等項細數，皆按三十六年所定，詳細算明後，交付派出管理軍務口糧錢糧之巡撫雍泰，一面給發應辦給之項一面將所有軍需及陸續運抵之米等項議定，另行具奏，隨大軍進後，將米穀錢糧及應辦之事辦理可也，臣等等候降旨，駐甘州，此間若有應行之事，一面具奏一面酌量施行，臣等愚陋庸弱，不諳軍務，奉旨，各陳所知，欽此欽遵，僅將臣等愚見議奏，軍務關係甚重，伏乞聖主賜教遵行，除噶斯路駐兵之處另摺具奏外，將自六月初一日起領草料餵馬之處，一併奏聞，請旨等語。

又奏稱，接准行在兵部咨文內稱，議政大臣議覆，康熙五十四年四月二十九日乾清門藍翎喇錫傳旨，交付議政大臣，守噶斯路應派二千名兵丁，滿洲兵派一千名，綠旗兵派一千名，應先行派出遣往，將此議奏，欽此。此旨甚是，欽遵施行。查得議政大臣議覆，業經調遣西安滿洲兵三千名，總督下督標營兵二千名，西安將軍席柱，滿洲副都統一員，副將一員，今若另調兵丁，又延時日，既然如此，於已調兵丁內，由將軍席柱等酌量調滿洲兵一千名，綠旗兵一千名，前往噶斯口扼守，嚴禁往來行走之人，一俟文到，即將此軍分別遣往，帶領前往時或由此處遣大臣，或交付西安副都統，副將統領之處，伏乞聖裁，為此謹奏請旨等因，康熙五十四年五月初一日由奏事員外郎雙全，司庫舒成額〔註235〕，洗馬楊萬成，編修奇勒倫〔註236〕轉奏。本日奉旨，由與富寧阿同去之人內選一員，西安府先去噶斯口之翼長內揀選遣往，千名綠旗內遣賢能副將可也，欽此欽遵，西安之滿洲綠旗兵丁既然陸續前來甘州，一俟抵達，即將滿洲綠旗兵各派一千名，另選派於噶斯行走之翼長烏同保、登得里，以及翼長托隆郭，漢軍翼長吳文彬等，遣副將田軍〔註237〕，此先遣之兵丁酌量將滿洲綠旗兵，甘肅兵內膘好之馬，先行選給遣往，此等人騎來之瘦膘馬換下後餵養之，帶此兵丁前往時派鑾儀衛鑾儀使董大成〔註238〕，由是滿洲綠旗章京官員等相應按各自兵丁派往，此前往之官兵，按三十六年

〔註235〕《康熙起居注》康熙五十五年五月初十三日記作烏林達蘇成格。
〔註236〕《康熙起居注》康熙五十五年五月初一日記作編修奇勒倫。
〔註237〕《陝西通志》卷二十三頁五十作督標中營副將田畯。
〔註238〕《平定準噶爾方略》卷二頁十三作鑾儀使董大成。

所定發給五個月野外錢糧，帶兩個月口糧前往可也，此馱運口糧之馬匹亦按三十六年所定兩口合給馬一匹，將陸續運抵之糧皆交付辦理糧食錢糧巡撫雍泰，辦理後即令啓行，噶斯路既已駐兵，不可不駐臺，布隆吉爾至噶斯有千餘里，已由兵部派兵丁駐紮隨設之臺站，由領催內選三名，均勻帶兵坐臺，每臺各發二十匹馬，爲此恭奏以聞等語，康熙五十四年六月十日交乾清門藍翎喇錫轉奏。奉旨，覽富寧安、席柱等所言，今年欲進兵取吐魯番，目今若在甘肅等處將馬匹餵肥，於九月始方取吐魯番，則時值冬令，且伊地方太近，擬仍照我等原議，來年進兵取之等語，此似是，將此交議政大臣會議可也，再祁里德之信息亦應等候，再策妄喇布坦曾有秋天兵來哈密之語，總兵官路振聲力量單弱，西安之兵既在甘肅等處餵馬，著將甘肅提標營兵添發給路振聲之處議奏，欽此欽遵。

臣等議覆，西安將軍席柱等將馬餵肥後，於七月二十日起進兵於九月初五六日前後抵吐魯番攻取城池，撫定葉爾羌、喀什噶爾、阿克蘇、庫車等處回子，三路之軍前進後，派人招撫，若不歸順，即剿滅之，將董大成遣往駐噶斯口軍中等因之奏本，於康熙五十四年六月十日交乾清門侍衛拉錫轉奏，奉旨，覽富寧安、席柱所言，今年欲進兵取吐魯番，目今若在甘肅等處將馬匹餵肥，於九月始方取吐魯番，則時值冬令，且伊地方太近，擬仍照我等原議，來年進兵取之等語，此似是，將此交議政大臣會議可也，再祁里德之信息亦應等候，再策妄喇布坦曾有秋天兵來哈密之語，總兵官路振聲力量單弱，西安之兵既在甘肅等處餵馬，著將甘肅提督營之兵添發給路振聲之處議奏，欽此欽遵。查得先前爲進兵既已派遣主事巴特木〔註239〕，令閒散大臣祁里德〔註240〕公同與喀爾喀汗王貝勒貝子公台吉等詳加會議具奏，故除將軍席柱俟祁里德等將進兵攻取吐魯番等情議奏時再一併議奏外，哈密伯克鄂敏〔註241〕先已報稱，策妄喇布坦秋間又欲進兵哈密，策妄喇布坦甚爲奸宄，不可不予先予備，現今駐哈密總兵路振聲之兵祇有一千名，力量單弱，故將甘肅提督師懿德下綠旗兵二千名及副將參將遊擊等官員相應派出，遣往哈密，由總兵官路振聲兼管，會同額駙阿寶、輝特公羅卜藏〔註242〕等兵，與哈密之伯克鄂

〔註239〕《平定準噶爾方略》卷三頁二十二有主事巴特瑪，疑爲此人。

〔註240〕《平定準噶爾方略》卷一頁十五作散秩大臣祁里德。

〔註241〕《平定準噶爾方略》卷一頁十二作哈密扎薩克達爾汗伯克額敏。

〔註242〕原文作輝特公、羅卜藏，今改正爲輝特公羅卜藏。《平定準噶爾方略》卷二頁二十三作輝特公羅卜藏。

敏等公同商議，視哈密北巴里坤等處水草好險要之地，於較遠處安設臺站駐之可也，此三千名綠旗兵之口糧錢糧，由隨大軍辦理糧餉之西安巡撫雍泰、甘肅巡撫綽奇毫不耽延作速運抵可也。再扼守噶斯口之二千名兵丁，將軍席柱等擬派董大成統領前往等語，適纔奉旨，固原寧夏之綠旗兵，由董大成、吳坤〔註243〕帶領前往，欽此欽遵在案，既然如此，將此咨文席柱等，停派董大成，派前去軍中之西安副都統噶爾弼〔註244〕前往可也，撤回董大成，進兵時仍與吳坤統領固原寧夏兵，爲此謹奏請旨。

議政大臣固山貝子都統臣蘇努。

議政大臣領侍衛內大臣公臣額倫岱。

議政大臣領侍衛內大臣侯臣巴渾岱。

議政大臣領侍衛內大臣公臣阿靈阿。

議政大臣領侍衛內大臣公臣海金。

大學士臣嵩祝。

議政大臣都統臣孫渣齊〔註245〕。

議政大臣都統兼管先鋒大臣臣郎圖。

議政大臣兵部尚書公臣孫澂灝。

議政大臣都察院左都御史臣揆敘。

硃批，董大成既已遣往，撤不回，遣之可也，餘依議。

[46] 肅州總兵路振聲奏請聖安並進肅州扁掛麵摺（康熙五十四年六月十二日）[2]-1804

陝西肅州總兵官奴才路振聲謹奏摺，跪請主子萬安。

奴才行伍庸才，謬承高厚，今年肆月初貳日領兵救援哈密，未著寸勞，蒙皇上優旨褒嘉，奴才捧接部文，慚感無地，隨即望闕九叩，恭謝皇恩訖，今暫屯兵於哈密探納慶地方，聽候吏部尚書富寧安等會商指示而行，至奴才轄屬甘肅一帶地方入夏以來雨水及時，田苗茂盛，轉盼秋成，即登豐稔，奴才身羈塞外，心戀闕廷，犬馬之忱無以自釋，謹遣家人代奴才恭請聖安，並進肅州區掛麵肆箱，少展葵私，伏祈聖恩慈鑒，奴才無任仰瞻忻忭之至，謹具奏摺以聞。

〔註243〕《平定準噶爾方略》卷一頁十八作吳坤。《欽定八旗通志》卷三百二十七作漢軍鑲白旗副都統吳坤。

〔註244〕《欽定八旗通志》卷三百三十一作西安副都統噶爾弼。

〔註245〕《欽定八旗通志》卷三百二十一作滿洲正黃旗都統孫渣齊。

康熙伍拾肆年陸月拾貳日陝西肅州總兵官奴才路振聲。

硃批，朕安，爾聞哈密之事，星夜十一日趕到，賊望風逃遁，深爲可嘉。

[47] 直隸總督趙弘燮奏陳俸工捐抵採買馬騾等項摺（康熙五十四年六月十四日）[2]-1805

總督管理直隸巡撫事務兵部右侍郎兼都察院右副都御史加玖級又加肆級臣趙弘燮謹奏，爲奏明事。

切臣受恩深重，前因西路用兵，需用馬騾運送糗糧，經臣題請量力捐助，以効毫末，荷蒙俞允，欽遵在案，但捐助之人臣前疏止言道員知府等官，而不下及州縣者，蓋以州縣與民最親，若一聽其捐輸，則奉公者少而生事者多，勢必借端科派，胥役緣以爲姦，小民無不受累，況畿內重地，蒙皇上聖明照臨甚近，久已弊絕風清，臣尤當兢兢仰體，今臣與道府業已各自捐購馬騾共叁千匹，尚有不足馬騾肆千伍百匹，若聽州縣捐輸，亦可計日取盈，然臣惟恐擾累閭閻，是以止許道府量捐，茲查不足之數，僅餘一半，若仍用帑金採買，不但臣心不安，即闔屬大小各官亦無以申其報効之心，臣思直屬歷來公務俱賴俸工捐濟，即如修理密雲城工所需銀兩，已將伍拾伍陸兩年俸工請抵，今見在不足馬騾駄鞍口袋苫蓋物件等項，臣雖遵部文暫動正項錢糧採買，其用過之銀應請在伍拾柒捌等年俸工銀內照數捐還，一轉移間國帑可以節省，軍需得以有濟，三輔百姓既可免夫借端派累之虞，而大小臣工亦得展其急公効力之志矣，除解送馬騾日期另行具題外，所有俸工捐抵採買不足馬騾及鞍袋等項銀兩緣由理合先行具摺奏明，仰祈睿鑒。

康熙伍拾肆年陸月拾肆日總督管理直隸巡撫事務兵部右侍郎兼都察院右副都御史加玖級又加肆級臣趙弘燮謹奏。

硃批，知道了。

[48] 議政大臣蘇努等奏報看管運糧牲畜等情摺（康熙五十四年六月十四日）[1]-2619

議政大臣固山貝子都統臣蘇努等謹奏，爲欽遵上諭事。

都統圖思海〔註246〕奏稱，臣一介庸愚武夫，駑鈍無能，蒙主子特交運糧大事，奴才不勝惶恐，查得議政大臣議覆，於直隸山西二省購買一萬五千匹馬騾，派司道知府等員，並派巡撫屬下步兵各二百名，將湖灘河朔去

〔註246〕《欽定八旗通志》卷三百二十一作滿洲正紅旗都統圖思海。

皮之米一萬二千石馱運至大軍駐地，以備進兵時隨進等語。奴才恭謹詳思，將一萬五千匹馬騾分給四百名兵丁，每個兵丁攤三十七匹有餘，若每名兵丁分管三十七馱，並帶伊等口糧行走，似稍有難，且漢人原即懶散，夜間照看牲畜或放牧之時有失及尅扣等情，斷不能免，奴才愚以爲，由湖灘河朔至推河運米時無蒙古官兵不成，既然沿途左近居住之幾旗，去年大雪牲畜被損，若即由歸化城土默特二旗派兵丁四百名，參領二員、佐領二員、驍騎校四員，由察哈爾右翼四旗派副總管一員、佐領一員、驍騎校二員帶領二百兵丁，就此相應派出官兵，自二省司道官員處領取口糧等物，與漢兵丁公同看守放牧馱運隨行之牲畜，事不耽誤且牲畜亦不致丟棄損失，伏乞降旨施行，爲此謹奏請旨等因。於康熙五十四年六月十三日交乾清門藍翎侍衛喇錫轉奏。是日奉旨，此奏似是，議政大臣速議具奏，欽此欽遵。查得運米之事甚爲緊要，既然如此，照都統圖思海所請，由歸化城土默特二旗派兵丁四百、參領二員、佐領二員、驍騎校四員，由察哈爾右翼四旗派兵丁二百、副總管一員、佐領一員、驍騎校二員可也。再司道等官員係專派出管理運米看守牲畜之漢兵丁之官員，若運米誤事牲畜倒斃被損，既然治罪，即停止由此等人處領取給發六百名兵丁之廩餼等物可也，此派出之歸化城土默特二旗官兵應給發之廩餼等物，由生計殷實之喇嘛及各旗之人等捐給，應給察哈爾四旗官兵之廩餼等物亦由各旗捐給，命下之日由該部緊急行文派出可也等語，爲此謹奏請旨。

議政大臣固山貝子都統臣蘇努。

議政大臣領侍衛內大臣侯臣巴渾岱。

議政大臣領侍衛內大臣公臣額倫岱。

議政大臣領侍衛內大臣公臣阿靈阿。

議政大臣領侍衛內大臣公臣海金。

大學士臣嵩祝。

議政大臣都統臣孫渣齊。

議政大臣都統兼前鋒統領臣郎圖。

議政大臣兵部尚書公臣孫澂灝。

議政大臣都察院左都御史臣揆敘。

硃批，依議。

[49] 議政大臣蘇努等奏請停遣王納木札爾子弟往軍中摺（康熙五十四年六月十四日）[1]-2620

議政大臣固山貝子都統臣蘇努等謹奏，為欽遵上諭事。

喀爾喀扎薩克多羅郡王額爾德尼濟濃納木札爾〔註247〕派侍衛納木卡爾前來稟稱，王納木札爾眼疾復發，視物不明，未能親來請安，倘眼稍愈，秋季前往請聖安，聞得西部有賊信，既然如此，我眼疾雖重，伏乞派我子弟前往軍中効力，並預備軍器，請部給發兵器出口票文等因，於康熙五十四年六月十三日告乾清門藍翎喇錫具奏，奉旨，交付議政大臣議奏可也，欽此欽遵。查得現今右翼喀爾喀各扎薩克之兵俱已命調動預備，兵丁俱敷用，昨臣等議，既然已未備兵之扎薩克等處，領取貼給之駝羊，故停止將王納木扎爾之子弟遣往軍中，於伊旗內預備可也，倘有使用之處，再行調遣，王納木扎爾稱擬預備軍器，乞請給發票文之處，擬照伊所請，命採買軍器可也，由該部給發出口憑證等語，為此謹奏請旨。

議政大臣固山貝子都統臣蘇努。

議政大臣領侍衛內大臣侯臣巴渾岱。

議政大臣領侍衛內大臣公臣額倫岱。

議政大臣領侍衛內大臣公臣阿靈阿。

議政大臣領侍衛內大臣公臣海金。

大學士臣嵩祝。

議政大臣都統臣孫渣齊。

議政大臣都統兼管先鋒大臣臣郎圖。

議政大臣兵部尚書公臣孫澂灝。

議政大臣都察院左都御史臣揆敍。

硃批，依議。

[50] 議政大臣蘇努等奏報備辦進剿軍需摺（康熙五十四年六月十四日）[1]-2621

議政大臣固山貝子都統臣蘇努等謹奏，為欽奉上諭事。

原陝西巡撫雍泰恭謹密奏，為請旨事，伏思策妄喇布坦前疊次違旨，係應立即剿殺之人，然皇帝以聖德包容，未即剿殺，其理應感恩守分安生，反

〔註247〕屬喀爾喀車臣汗部，《蒙古世系》表三十三作納木札勒，父諾爾布。

而背恩搶掠哈密鄉村鋪子，乃特尋死地耳。因皇帝諭令發兵進剿，故兵民無不歡忭，進兵之事除欽差尚書富寧阿會同西安將軍席柱等另行奏請諭旨外，此進兵所需口糧關係重大，聖明早已稔知。今經奉旨令臣料理兵丁錢糧，臣甚愚弱無知，而蒙聖主高厚重恩，惟盡心盡力籌畫，以報萬一。查得西安滿洲兵三千名跟役三千名，督標下兵二千名，甘州提督，肅州涼州寧夏等地兵共六千名，以及眾官員之跟役等總計有二萬人，按每人每月給發口糧二斗計算，每月需糧四千石。再將軍以下眾官員以上所有官員應給一個月稻米，共需五十餘石。查得右翼衛等處兵丁五月起程皆已領取十個月口糧。今西安等處兵丁亦應按十個月給發，惟現今甘州涼州肅州等地已餵五十日馬，既然於七月二十日起出，除去五六七三個月，倘備辦七個月口糧，除現今進剿大軍業經起運二個月口糧外仍需再運五個月口糧，不算給發官員之稻米仍需二萬石。近年甘肅等地歉收，現今又值青黃不接之際，況且倉貯之穀皆係小麥豌豆，一時難以採買米穀。臣查得三十五年之例，採買牛羊做一個月口糧給發，現亦按前例摻合給發牛羊，仍欲採買四個月口糧起運，此已採買之米黍米與粟米混給。再起運之米運至何處，途中米應截貯多少，遵領兵行走之大臣等之指示截留。目今供給大軍之米、應運到之米，已咨文交付甘肅巡撫綽奇，於左近有米穀之地採買。又查得先前往口外運米皆用車，彼時皆係先運到米穀後出兵，此次係跟隨大軍之後運米，若用車運耽延之處亦未可料，故擬皆用牲畜馱運，一頭騾馱八斗米，一匹馬馱六斗米，一匹駱駝馱一石二斗米，目下所運之米有二萬石，共需牲畜二萬餘匹，不多備辦不可。所需牲畜既然甚多，若祇於甘肅等地採買恐不夠，臣反復詳思此項牲畜若於甘肅西安山西河南四省分頭採買，方不致耽延，在甘肅擬採買八千六百匹，西安擬採買八千六百匹，山西擬採買五千匹，河南擬採買四千匹，於甘肅等地採買之牲畜隨後可由兵部先行運米。於西安山西河南等地採買之牲畜俟八月內皆遣員送往肅州後再陸續運米。採買此項運米之牲畜時皆分別動用各省布政使庫銀採買可也。採買牲畜一事關係綦重，且甚緊急，故臣一面具奏一面行文西安總督三處巡撫，令上緊預備，並知令臣所奏情事，若臣所請准行，伏乞降旨該部，急速行文各總督巡撫。再往口外運米時所用趕牲馱夫護送官兵，臣酌量遣派甘肅提督所屬各營步兵任之，每五馱需兵丁一名馱夫一名，運糧一千石需兵丁一百二十五名馱夫一百二十五名。此項兵丁給發五個月野外錢糧五個月口糧，馱夫除給發口糧外，一天給發租銀一錢，此等人之口糧，用五匹騾及多備用之騾分別馱運，每一千石米編爲一隊，派文武官員三員管理。運米之官員跟役人等，照例給發口糧。馱子所用苫布、口袋鞍子馬屜繩子等物皆照數採買預備。再帳房鍋鍬钁頭等物既係營內兵丁備有之物，各預備帶去可也。每隊帶鐵匠二名木匠二名，照例給發口糧。再運送此糧之騾馬駝視返回多少，於應另請旨辦理之處辦理之。臣本愚陋，所知所會甚少，交付運糧重任，籌畫不周之處伏乞皇帝聖明指教。再兵丁口糧所關甚重，臣乃別省巡撫，甘肅所屬地方衆官員能否之處並不能知，目下甘肅巡撫臣綽竒既在甘州，諸項運糧諸項採買之事若與其會同辦理方不至耽延。辦理米穀事務及運米穀衆官員之各衙，臣出口前再繕檔報部。再由各省採買送來之牲畜一到，即照例每匹牲畜給發三升料二捆草等語。又原陝西巡撫雍泰題稱，臣看得西安將軍席柱、吏部尙書富寧阿咨文內稱，西安滿洲兵三千名，督標下兵丁二千名出發時，要馱帶二個月口糧，按三十六年之例，滿洲兵每二口給發馱米馬一匹，綠旗兵二名兵丁給馱米馬一匹，又炮手弓匠每人給發騎馬一匹，二人給馱米馬一匹。馱炮火藥鉛子等物馬匹亦令預備等語，查得共需馬四千四百餘匹。續咨文稱現滿洲兵一千、督標下兵一千一到，即赴噶斯，應給發運米馬匹等因，咨行臣前來。查得啓程緊急，而所辦河東錢糧尙未到，况且一時採買不得，急事〔註248〕不可不酌量急辦。查得三十六年出兵之時因馬匹不敷用，原總督吳赫〔註249〕具奏後取用各鎭標下營馬匹，現今緊急前往噶斯之二千兵丁運糧馬匹暫由提督師懿德屬下各營不出兵之馬匹內照數撥出供給，經兩次行文，提督師懿德來文稱，無剩餘馬匹，故因現今出兵緊急，無計，擬採買西安官兵來時租來之騾子，視買妥給發。再所剩滿洲兵二千名綠旗兵一千名，餵馬五十日後進兵，其共需馬二千七百餘匹，目下採買運米牲畜難，且倘又添加二千七百餘匹馬，委實採買不得，臣擬照三十六年之例暫取各標營下軍馬給發前去之軍，西安總督標下軍馬擬取五百匹，臣標下軍馬取一百五十匹，甘肅巡撫標下軍馬取一百五十匹，再將軍潘育龍〔註250〕若從征即停取用伊馬匹，倘不從征即取一千五百匹馬，鳳翔府副將屬營之馬取二百匹，潼關營副將屬營之馬取二百匹，此取用之馬匹之缺，河東之銀到後按時價折給，如是則不誤緊急之事，且馬匹亦不致有缺，因事緊急，臣一面具奏一面行文往取等語。

〔註248〕原文作穩事，今改正爲急事。
〔註249〕《清代職官年表》總督年表作川陝總督吳赫，康熙三十八年解任。
〔註250〕《平定準噶爾方略》卷二頁十八作鎭安將軍潘育龍。

　　據提督師懿德奏稱，吏部尚書富寧阿、西安將軍席柱等接旨後前來甘州，臣等公同議覆，噶斯路除遣派滿洲兵督標下綠旗兵各一千名外，進討時滿洲綠旗兵共九千名，其中派滿洲兵二千名，總督下綠旗兵一千名，臣屬下及涼州寧夏肅州馬兵五千名，火器營步兵一千名，並酌量派出幹練副將參將遊擊守備等官員，此次出征之大臣滿洲綠旗官兵及隨行人員所發口糧，運米牲畜等項細數，皆照三十六年之例請旨後遵行等因，既已會議，故臣所派統管之綠旗官兵官員數目，所需馬匹錢糧等項，皆應照三十六年之例遵行，查得臣屬兵丁派出六千名，照先前所定每百名兵丁派官員一員之例，共需官員六十員，馬兵五千名，除每人之坐騎外，給發馱盔甲鍋帳房之馬各一，馱每二名兵丁二個月口糧之馬各一，馱米之馬由留營內之馬撥給，火器營步戰之兵一千名，每二名兵丁給發馱米之馬一匹，亦擬由留營之馬匹內撥給，臣盡力籌畫，將各屬地軍馬酌量調出，西安總兵官下官兵，目今既然欽命預備，勿庸重新調動，提督下兵丁派出二千名，火器營步兵派出五百名，並派二十五名官員管理，涼州總兵官下馬兵派出一千名，派十名官員管理，寧夏總兵官下馬兵派出一千名，派十名官員管理，肅州總兵官下馬兵派出一千名，火器營步兵派五百名，派官員十五名管理，以上共派官員六十員，兵丁六千名，給發兵丁騎用馱運之馬，按各所屬總兵官數選給可也。再所派提督下二千名馬兵，給騎用馱運之馬五千匹，火器營步兵五百名，每二名兵丁給發馱米之馬一匹，共給二百五十匹馬，以上給馬步兵騎用馱運之馬共五千二百五十匹，臣屬下額設駝隻一百匹，其中馱運先行前往哈密換班駐防官兵馱子帶去八匹駱駝，馱運四十門炮帶去需用之駱駝四十匹，馱運隨炮之鉛子藥等項用二十匹駱駝，扣除此等駱駝，仍剩三十二匹，交給步兵以馱盔甲鍋帳房之用可也，臣屬下額設馬四千匹，其中派給前往哈密換班駐防之兵丁一百五十匹，由哈密換回及因臣先前帶領官兵騎用而生瘡，瘸殘之馬六百匹，守城留下六百匹，扣除此項馬匹，將所剩三千二百五十匹馬，除給臣屬下兵丁騎用馱駄子外，既仍缺二千匹，故擬由四總兵官屬下馬匹內酌量選用，查得肅州總兵官下額設馬匹內，扣除給發從征兵丁騎用馱駄子，前往哈密換班之陝西甘肅各路及由西關至哈密坐臺所用馬匹，所剩既然不多，調用不成，西寧總兵官下附近營堡之軍馬既已令預備，亦調不成，涼州總兵官袁乾巴〔註251〕遵旨帶領一半官兵防守甘肅險要之地，既然亦需馬匹，故亦不能多調用，目下臣按額設馬

〔註251〕《甘肅通志》卷二十九作涼州總兵官袁鈴。

匹多少，酌量調用，寧夏總兵官屬之馬調九百匹，涼州總兵官屬下之馬調七百匹，西寧總兵官下河東洮河林蘭秦工加溫八營之馬調四百匹，以上共調二千匹馬帶去，捐給臣屬下兵丁駄馱子，此項捐帶之馬匹所用鞍子馬屜需用甚急，量多，既然一時難於採買，亦照從前選帶使用之例，由地方官採買兵丁之馬鞍可也，將銀折給官員，查得經會議，官兵既俱於七月出口，則綠旗之軍馬或調至甘州或於各該處餵馬後，到約定之日帶去進討等語，故臣將所調寧夏官兵急速帶至甘州餵馬預備，涼州官兵之馬令於涼州餵養，到約定之日帶至甘州，公同啓程，除肅州總兵官路振聲目今帶往哈密駐防之軍、馬外，所派該總兵官下官兵之馬匹亦於肅州餵養，再臣屬下選派之兵丁之糧由寧夏涼州西寧所屬之河東、營堡之馬匹駄運，將此馬緊急帶至甘州餵養。

又公同議覆，由嘉峪關隨大軍坐臺，每臺駐十名馬兵，由臣另派等語。臣伏思於口外安設臺站，係軍機要事，大軍所到之處，即於後面安設臺站，路途遙遠，所需兵丁多，且臺數又難定，故臣由涼州寧夏肅州總兵官下留下防備各自把守之關口之馬匹內，又派馬兵一千名，官員十員妥設臺站，其中先派二百五十名馬兵，隨駐防噶斯路之大軍前往安設臺站，所剩七百五十名兵丁帶往甘州預備，其所需口糧亦照例給發，給發臣所屬及所調官員〔註252〕屬下各營兵丁騎用駄運，設臺馬匹務加料餵肥，遠走方可得力，故臣按會議所奏，行文料理兵丁錢糧之大臣，帶草豆於今年六月初一起始餵，目今馬既然已肥，進討盡可得益，理應將此奏明，查得駄運發給綠旗官兵口糧之馬匹，臣等雖已會議擬由留於營內之馬匹選給，然臣所屬各營皆駐沿邊要路駐防，守衛皆賴馬匹，現今臣屬下及各總兵官屬下馬匹除撥給各軍外，留營內者已無多，現若又撥給，營寨內之馬短缺，定難於防守，況且進討之兵出口後營寨惟賴此等馬匹防守，萬一意外出事，耽延守邊口之處亦不可料定，關係非輕，微臣業經反復籌畫，此次所辦駄米馬匹之缺，馬鞍馬屜等項及進討守邊諸事，伏乞聖主惠愛施恩准行，由辦理軍需大臣處領取錢糧，作速先行採買補給，撥出之馬，事竣撤兵時做價給還，如此則營馬不至短缺，且防守亦有所靠，蒙此隆恩，感謝不盡，除由各總兵官及臣屬下中軍派出之官員名銜，兵丁姓名及騎用駄運之馬匹各項數目，造細冊送來後，再報部外，特恭陳緣由密奏，伏乞皇帝睿鑒，降旨會議施行，為此謹繕本密奏請旨等因具奏。奉旨，交議政大臣，欽此欽遵。

〔註252〕原文作眾員，今改為官員。

臣等公同議覆，原陝西巡撫雍泰奏稱，進兵所需口糧關係最爲重大，查得西安滿洲兵三千名，跟役三千名，總督標下兵丁二千名，甘州提督，肅州涼州寧夏等地方兵丁共有六千名，算衆官員屬下跟役，共有二萬人，按照每人每月給發口糧二斗計算，每月需米穀四千石，再需給將軍以下衆官員以上所有官員每月稻米五十餘石，右翼衛等地兵丁俱領十個月口糧，現在西安地方兵丁亦應照十個月給發，惟現在餵馬五十日後於七月二十日起出口，扣除三個月，應再備辦七個月口糧，除現在進剿兵丁裝運十個月口糧外，仍應運十個月口糧，不算給發官員之稻米仍需二萬石糧，甘肅等處倉貯俱係小麥豌豆，一時難於採買米穀，擬照三十五年之例採買牛羊當做一個月口糧給發，仍需採買運送四個月口糧，將按大軍現應給發之糧，應運到之糧交付甘肅巡撫綽奇，前往左近有米穀之地採買等因，業經咨文，先前於口外運米俱使用車子，此次既然隨大軍之後運送，若仍用車，耽誤之處亦不可定，故擬俱〔註253〕用牲畜馱運，目今應運之糧有二萬石，共需牲畜二萬餘匹，若不多預備恐不可，所需牲畜既然甚多，若將此牲畜交甘肅西安山西河南四省分別採買，方不至耽誤，於甘肅等處買得之牲畜，俟大軍啓行後先行運米，西安山西河南等地買得之牲畜於八月裏俱遣員送至肅州，陸續運米，採買此項運米之牲畜時俱動用各省布政使庫銀採買可也，再往口外運米時派遣甘肅提督所屬各營步兵，運米一千石需兵丁一百二十五名駄夫一百二十五名，此項兵丁亦給發五個月野外錢糧五個月口糧，除給駄夫口糧外另每日給工銀一錢，一千石糧爲一隊派文武官員三員管理，運米官員之跟役照例給發口糧，駄子所用苫布、口袋鞍子馬雁繩子等物亦採買備辦，再帳房鍋鍬鑔頭等物既俱係營內兵丁已有之物，即各予備帶去可也，每隊尚需鐵匠二人木匠二人亦帶去，照例給發口糧。再運米之騾子馬駝視返回多少，另行請旨後，若有應辦之處，即辦理之，現在甘肅巡撫綽奇既在甘州，若將所有運糧各項採買事務，與伊公同商辦，方不至耽誤公務等語。查得先前臣等公同議覆，添發由哈密路進討之兵，派甘肅提督下兵三千名，涼州總兵官下兵二千多，固原提督下兵二千名，寧夏總兵官下二千名，副將參將遊擊等官員由該提督總兵官按此相應派出，寧夏固原之兵由董大成、吳坤總統前往，甘州涼州之兵令提督師懿德總統前往，給發兵丁之米，既然肅州哈密之間近，故可由甘肅等地運往哈密二萬石米，運米牲畜動用正項錢糧採買，運米牲畜冬季帶至甘肅等地餵養後，進兵時使

〔註253〕原文作似俱，今改正爲擬俱。

用之，給發兵丁之廩餼，可將米牛羊混合給發，運送此米之牲畜，給發之廩餼牛羊，若內地採買不得可前往青海等地採買，甘肅巡撫綽奇亦隨軍辦理糧餉等因，業經具奏，現在巡撫雍泰既已病故，則採買運送軍糧之處行文甘肅巡撫綽奇後，即可混合採買黍粟米小麥青稞大麥運往哈密，立即辦理隨軍之米穀錢糧可也，運米時相應派出押運之官兵，給發兵丁之糧可混合採買牛羊給發。再原巡撫雍泰曾言，運糧牲畜於山西採買五千匹，於河南採買四千匹，適纔臣等議奏，運送給發由推河〔註254〕路進剿之兵糧時令由直隸山東山西河南四省購買三萬匹馬騾，既已具奏准行，應停止於山西河南兩省購買駄運之牲畜，仍於西安甘肅等各地採買，倘不足，可於鄂爾多斯、青海等處採買，運送此米之牲畜，入冬後帶至甘肅等處，動用正項錢糧餵養，進兵時使用之。

再適纔西安將軍席柱等奏稱，於甘肅等處餵馬五十日後，於七月二十日起出口，八月十五日左右可抵巴里坤等語。查得若將軍席柱等餵養馬匹五十日後啟行，八月十五日後抵巴里坤，草不久將枯黃，且馬匹餵養五十日亦未甚肥，今青草正茂，若出口駐防，於馬匹大有裨益，現今將軍費揚古帶領閒散大臣祁里德等領兵於額德爾、奇勞圖等處好水草處緊要地方駐紥，既然巴里坤等地寬闊水草好，行文將軍席柱等，文書一到停止於甘肅等地餵馬，除臣等會議後添派之綠旗兵內提督師懿德下二千名兵丁添派現於哈密駐防之總兵官路振聲軍中外，其餘兵丁俱令按隊啟行，挨次出口，餵養馬畜，緩慢前進，由布隆吉爾、塔爾納沁前往巴爾坤等處後，酌量分開，擇好水草處緊要地方駐紥可也，如此則馬畜受益，且人亦可休息，若進兵路亦近，即策妄喇布坦之兵於秋冬前來，我兵力強，亦易於剿死，再董大成既總統派往噶斯路之兵前往，則固原寧夏之兵由副都統吳坤帶領前往可也，甘州涼州之兵由提督師懿德帶領前往，統聽將軍席柱、尚書富寧阿調遣前進，大軍緩行，既然前往巴里坤等地駐防，故運至哈密之米石，由巡撫綽奇酌量兼用車輛巧加運抵，再自嘉峪關尾隨大軍之後直至巴里坤安設臺站，兵部理藩院各遣章京一員，於甘肅等州縣調取人馬安設之，派出部衙門筆帖式坐臺，事畢由該部議敘。

原巡撫雍泰又奏稱，駄運前往噶斯路二千名兵丁用糧之馬匹，因啟行緊急，擬採買西安官兵來時租用之騾子，視採買情形料理之，再所餘滿洲兵二千名，綠旗兵一千名，餵馬五十日後進兵，此項共需運米馬二千七百餘匹，

〔註254〕此處補河字。

委實採買不得，擬照三十六年之例暫取用各標營下軍馬給發前往之軍，取西安督標下軍馬五百匹，臣標下軍馬一百五十匹，甘肅撫標下軍馬一百五十匹，若將軍潘育龍從征即停止取用，若不從征取伊一千五百匹馬，取鳳翔府副將屬營馬二百匹，潼關營副將屬營之馬取二百匹，此取用馬匹之缺，河東之銀到後按時價折給等語。查得既然原巡撫雍泰聲言，擬採買西安官兵租來之騾子，視採買情形，給發前往噶斯路之西安滿洲兵一千名，綠旗兵一千名，除不議外，所言現在西安滿洲綠旗三千名兵丁前進時需運米馬二千七百匹，擬取用總督巡撫固原提標之軍馬，及鳳翔潼關副將營之馬，此取用馬匹之缺，俟河東之銀到後按時價折給等語，除固原兵已派二千名，不取固原之軍馬外，其餘地方馬匹俱照原巡撫雍泰所請取用可也，河東之銀到後，俱照時價折銀，交與各所屬地方管官，立即採買馬匹給發兵丁。

甘肅提督師懿德奏稱，派出臣屬下兵丁及涼州寧夏肅州馬兵五千名，火器營步兵一千名，擬照三十六年每一百名兵丁配官員一名，共需派六十名官員，五千名馬兵，除每名兵丁自騎之馬匹外，給馱運盔甲鍋帳房之馬一匹，再每二名兵丁給馱運口糧之馬一匹，馱運此糧之馬俱取留下之各營馬匹給發，火器步兵一千名，每二名兵丁給運糧馬一匹，亦取留下各營之馬匹給發，此派出之兵所需騎用，馱運之馬匹，俱由各該鎮取用，臣屬下二千五百名馬步軍需騎用馱運之馬五千二百五十匹，現在已給臣屬下兵丁三千二百五十匹馬，仍缺二千匹馬，擬調用寧夏營馬九百匹，涼州營馬七百匹，西寧所屬河東八營之馬四百匹，共二千匹，貼給臣屬下兵丁，以資馱運，此項貼取之馬匹之鞍馬屜亦照從前由各地兵丁之鞍內取用，地方辦事官員折銀給還，進討之兵若出口，留下各營之馬甚少，所關非輕，此幫貼取用之馬匹馬鞍馬屜等項，由辦理軍務之大臣處領取價銀緊急購買，補齊幫貼取用之馬匹之缺，撤兵時馬匹交付後做價等語。查得提督師懿德屬下現有之三千二百五十匹馬，給發兵丁後既仍缺二千匹馬，擬由各營取用二千匹馬等因，既已辦理，即照師懿德所辦辦理，西寧地方緊要，既然不動用兵丁，亦停止由八營取用四百匹馬，由提督師懿德、巡撫綽奇公同會議，另行辦理，再幫貼之各營馬匹馬鞍馬屜，若由辦理軍務大臣處取銀交與兵丁採買，既然一時難於買得，故將領取之銀交付地方官員，緊急購買補足可也，目下既添兵派往，故提督師懿德與料理糧餉之巡撫綽奇等公同會議後，亦照此採買馬匹，給發添派之兵丁等語，為此謹奏請旨。

議政大臣固山貝子都統臣蘇努。

議政大臣領侍衛內大臣侯臣巴渾岱。

議政大臣領侍衛內大臣公臣額倫岱。

議政大臣領侍衛內大臣公臣阿靈阿。

議政大臣領侍衛內大臣公臣海金。

大學士臣嵩祝。

議政大臣都統臣孫渣齊。

議政大臣都統兼前鋒統領臣郎圖。

議政大臣兵部尚書公臣孫澂灝。

議政大臣都察院左都御史臣揆敘。

硃批，依議，目今所用緊急，既然收各地綠旗馬匹，時價必漲，給缺之價銀，務使兵丁得沾實惠，作速料理可也。

[51] 山西巡撫蘇克濟奏擬捐買馬騾運送軍糧等情摺（康熙五十四年六月十七日）[1]-2626

山西巡撫奴才蘇克濟〔註255〕謹奏，為奏聞事。

竊思聖主文才武功，超越古來帝王，四海之內太平寧謐，百姓安居樂業，然不知死之策妄喇布坦犯我邊界，聖主派為首大臣率師進討，奴才前覽報文，議政大臣議覆，購買直隸山東河南三省馬騾運米可也等語，雖未算山西省，然運米事重，既用馬騾甚多，奴才雖帶領司道府等官員，公同將捐助之事議定，惟馬騾數目未得，故未能妥協具奏，六月十五日接兵部咨文內開，於直隸山西二省購買馬騾一萬五千匹，於七月內送至湖灘河朔運米可也等語。購買山西省應買之馬騾七千五百匹及口袋鞍子繩子等物時豈敢動用國家錢糧，擬將奴才等之俸祿及衙門之人所食錢糧捐出，按時價採買，牽送馬騾之人夫按日計算給發工錢，倘不肖官員借此機漁肉百姓，奴才查出後指名參奏，治以重罪等因，業經張貼告示，遍加曉諭，奴才謹具摺恭奏以聞。

奴才蘇克濟親書。

硃批，知道了。

〔註255〕《清代職官年表》巡撫年表作山西巡撫蘇克濟。

[52] 湖廣總督額倫特奏報雨澤米價摺（康熙五十四六月二十一日）

[1]-2627

奴才額倫特〔註256〕謹奏，爲奏報雨澤情形，米價事。

湖廣省今歲正月到六月雨澤甚調勻，小麥大麥俱有八九分收成不等，經查其餘禾稼現亦可收八九分十分不等，而晚稻情形甚好，必可大有，現湖北白米每石賣八錢一二分銀，平常之米每石賣七錢三四分銀，小麥每石賣五錢一二分銀，大麥每石賣二錢八九分銀，湖南因種小麥大麥等糧者少，是以較湖北價值稍昂。此外白米平常米之價值俱相似，全省生民無不歡欣踴躍，咸稱聖主夙夜爲群黎焦勞，上天矜憐，高窪之地雨澤悉皆霑足，仰賴聖主齊天洪福，湖廣省連獲豐收，今歲又逢十分收成之年，我等何福逢此盛世等語，爲此恭奏以聞。

湖廣總督奴才額倫特。

硃批，知道了，未聞湖廣米價似從前甚賤。

[53] 廣東巡撫楊琳奏請隨師効力事摺（康熙五十四年六月二十四日）

[2]-1818

奏，廣東巡撫奴才楊琳爲奏請隨師効力事。

切奴才蒙皇上聖恩擢授福建提督，復補廣東巡撫，幸值太平之世，無可報効，接閱邸抄知澤旺阿喇蒲坦〔註257〕竟敢遣人搶掠哈密地方，業經該地方官兵殺敗遁回，蒙皇上指示地利情形，派撥陝西滿漢官兵前往征勦，昔日噶爾旦〔註258〕何等強悍，皇上親臨調度，立時殲滅，似此小醜，固知天兵所向，一掃永靖，然出師殄逆，正臣子効力之時，而口外甕金一帶，昔征噶爾旦奴才身所經歷，今願隨師効力，稍盡犬馬微勞，伏乞恩允所請，奴才立刻束裝自粵前進，爲此具摺謹奏。

康熙伍拾肆年陸月貳拾肆日奴才楊琳。

硃批，爾乃封疆大吏，所關匪輕，奏摺知道了。

[54] 廣東提督王文雄奏請赴軍前効力摺（康熙五十四年六月二十四日）

[2]-1821

廣東提督總兵官奴才王文雄跪奏爲陳情効力以盡犬馬微忱事。

〔註256〕《清代職官年表》總督年表作湖廣總督額倫特。
〔註257〕《平定準噶爾方略》卷一頁一作策妄阿喇布坦。
〔註258〕《蒙古世系》表四十三作噶爾丹，巴圖爾渾台吉之子。

　　竊奴才一介武夫，至愚極陋，荷蒙皇上高厚隆恩，豢養數十餘年，自慚
駑鈍，報稱無能，頃閱邸抄，知有澤旺阿喇蒲坦搶掠哈密邊堡，隨爲官兵敗
遁，現今欽奉上諭發兵征剿，量此無知小醜，指日即可殄滅，切思康熙貳拾
玖年征剿噶爾丹，奴才遵旨隨火器營効力，於烏蘭布通擊敗賊衆，叁拾肆年
隨大將軍費揚古出兵至坤都冷地方，叁拾伍年跟隨聖駕由中路征剿噶爾丹至
拖諾地方，本年玖月內復跟隨聖駕至鄂爾多斯地方，奴才塞外行走數次，沙
漠情形略知其概，兼得扈從鑾輿，凡我皇上指授方略，皇上聖算如神，天威
遠震，窮寇望風鼠竄，一一目睹其盛，至今時刻不忘，今廣東地方仰賴皇上
德威遐播，頗獲寧謐，年歲豐稔，兵民相安，茲澤旺阿喇蒲坦自外覆育，致
奉天討，奴才僻處粵東，按程計日雖屬稍遠，當茲大兵征剿日，正臣子効力
之時，若使優游事外，此心一刻不能自安，冒昧籲請聖恩，俯允下情，奴才
束裝聽候訓旨，將提督印務咨送督臣，遴委鎮臣署理，即便兼程馳赴行營，
前驅効力，稍盡犬馬微忱於萬一耳，爲此具摺由塘齎至京師，令奴才子侍衛
王廷梅恭捧跪進，伏乞睿鑒施行。

　　康熙伍拾肆年陸月貳拾肆日。

　　硃批，邊海要地，不必來。

[55] 陝甘提督師懿德奏為遵旨派兵赴哈密增援摺（康熙五十四年六月二十四日）[2]-1822

　　提督陝西甘肅等處地方總兵官帶降貳級留任戴罪圖功奴才師懿德謹奏，
爲奏明事。

　　竊奴才接准西安將軍席柱、吏部尙書富寧安文書，爲欽奉上諭事，誠恐
澤旺阿喇蒲坦兵秋間復來哈密，總兵路振聲在彼兵單，著奴才標屬派兵二千，
令副參帶領前往哈密，聽路振聲兼統防守等因，欽此。仰見主子睿慮周詳，
神謀弘遠，奴才查前遣發遊擊董如宣〔註259〕帶領應援兵馬五百，亦現在口外
暫牧，今奴才再將先經題明派定進剿甘肅兩標火器兵丁一千名責令副將許仕
隆〔註260〕，參將李文斗〔註261〕帶領一同前赴路振聲軍前駐防，共合三千之
數，由是哈密兵勢克振，而逆彝膽落，自不得而覬覦也，今將奴才發遣過官
兵緣由除另繕疏題報外，謹再具摺恭進以聞。

〔註259〕《陝西通志》卷二十三頁六十有董如宣，雍正三年任波羅營副將，疑爲此人。
〔註260〕《甘肅通志》卷二十九頁三十四作永固城副將許仕隆。
〔註261〕《甘肅通志》卷二十九頁四十七作大靖營參將李文斗。

康熙伍拾肆年陸月貳拾肆日提督甘肅等處地方總兵官帶降貳級留任戴罪圖功奴才師懿德

硃批，知道了。

[56] 陝甘提督師懿德奏報甘肅雨水糧價等情摺（康熙五十四年六月二十四日）[2]-1823

提督陝西甘肅等處地方總兵官帶降貳級留任戴罪圖功奴才師懿德謹奏，為報明事。

奴才竊念主子仁至物情，知周民隱，凡雨水旱潦，年歲豐歉，時廑宸衷，奴才身任地方，敢不仰體訪報，以慰聖懷，茲據所屬按時各報雨水糧價前來，查甘肅地方去冬大雪，自春至夏雨水及時，而寧屬亦渠水充足，俱屬有收，至於涼州西寧雨水雖未霑足，然亦不覺其旱，惟寧夏之花馬興武同心古水洪廣，涼州之莊浪大靖阿壩土門，西寧之巴暖碾伯臨洮各處五月雨稀，禾苗覺旱，至米糧價值照京斗計算，各處有產稻者，每石有一兩六七錢，有一兩八九錢者，粟米有一兩五六錢，亦有一兩七八錢者，麥豆總在一兩三四錢之內，均比往年稍長，緣各處豐歉不同，價值多寡不一，且加以河東饑民來此就食，是以糧價未減也，今將各報雨水糧價謹具奏摺，恭進以聞。

康熙伍拾肆年陸月貳拾肆日提督陝西甘肅等處地方總兵官帶降貳級留任戴罪圖功奴才師懿德。

硃批，近日用兵之事無甚關係，救民之饑最為緊要，故特使大臣同督撫議賑去了，尔等亦該留心，京中南北口外麥田十分，收了，田苗甚好。

[57] 理藩院奏請喀爾喀王採買軍器等物摺（康熙五十四年六月二十七日）[1]-2630

理藩院謹奏，為請旨事。

據喀爾喀扎薩克多羅郡王多爾濟喇布坦〔註262〕等咨呈之文內開，為預備我旗軍械，已派出佐領額爾扎等，命前往採買盔甲一百七十五套，腰刀二百八十五把，槍二百五十支，箭一萬三千四百八十支，撒袋六十五個，弓二百四十張，鳥槍二十支，購買三百兩銀之硝硫磺鉛等物，請給發出門票文等語。查得康熙四十五年四月奉旨，右翼喀爾喀王貝勒貝子公扎薩克等現既備兵，請安進貢之使臣有欲採買軍械鳥槍等物帶回者，帶回可也，出口票文由部給

〔註262〕《蒙古世系》表三十作多爾濟阿喇布坦，父固嚕什喜。

發，欽此欽遵在案。又查得昨喀爾喀郡王納木扎爾奏請，爲備軍械請部給發出口票文等因，經議政大臣會議具奏，准照伊所請，採買軍器，由該部給發出口票文，亦在案，今王多爾濟喇布坦既稱已派員採買軍器，請給發出口票文，可否准照伊所請採買軍器等物，爲此謹奏請旨。

右侍郎臣拉都渾。

員外郎臣喀爾卡。

員外郎臣常在。

硃批，著採買可也。

[58] 陝甘提督師懿德奏報領兵前進日期摺（康熙五十四年六月二十八日）[2]-1829

提督陝西甘肅等處地方總兵官帶降貳級留任戴罪圖功奴才師懿德謹奏，爲奏明事。

奴才接蒙兵部來文，內有各標添撥兵丁各一千名，奴才標屬已有三千名矣，內中火器兵丁止有一千名，近奉特頒皇砲三十尊前來，竊思神機迅發，氣懾千人，霆震飛驚，聲威百里，諒茲么麼，曷能當此，遇則立見齏粉矣，奴才前派火器尤慮尚少，會商將軍席柱、尚書富寧安，在於寧涼二鎮添派火器各一千名，甚屬相宜，奴才隨行移調去訖，再文內令其挨次進發，其將軍尚書等約於七月初二日起程，奴才爲各處所調駄載馬匹尚未到齊，俟一二日內到甘，即於初六日領兵前進矣，所有奴才起程日期另疏題報，合先具摺恭進以聞。

康熙伍拾肆年陸月貳拾捌日提督陝西甘肅等處地方總兵官帶降貳級留任戴罪圖功奴才師懿德。

硃批，知道了。

[59] 理藩院奏請應問俄商有關事宜摺（康熙五十四年七月初五日）[1]-2635

理藩院謹奏，爲請旨事。

據駐西寧員外郎舒金泰咨呈文內開，接奉行在理藩院咨稱，我院議奏，據伊凡雅雷斯基所帶之俄羅斯文內稱，伊凡本人隨員三人將越伊等邊界，已繕明不准多人越過邊界進入厄魯特渾台吉〔註263〕之屬地，務必嚴查等語。伊

─────────

〔註263〕即策妄阿拉布坦，《平定準噶爾方略》卷一頁一作策妄阿喇布坦。

凡等人不前往指定地點，反而多帶十人，前來西寧，既非專門遣往我邊界地區貿易，即不准此等人貿易，將此咨文舒金泰，俱詳加問明俄羅斯伊凡等，伊等是否已去厄魯特之策妄喇布坦地方，爲何前來西寧貿易，文內開列四人，而現多帶十人，俱係何處之人，於伊等邊界爲何未查即放過，再前來之時走何路各等情，俟問明前來時再議等因，康熙五十四年六月十二日交乾清門藍翎喇錫等轉奏。奉旨，依議，欽此。既然如此，此文到後，作速緊急將此等處詳盡問明後咨文等語，是以文書一到，即派領催五十三將俄羅斯伊凡雅雷斯基等帶來，經詢問伊凡等曰，爾等是否已去過厄魯特之策妄喇布坦地方，爲何前來西寧貿易，文內開列四人，而今多帶十人，伊等俱係何處之人，於爾等邊界爲何未查即准通過，再前來之時取道何路等語。據伊凡雅雷斯基等告曰，我等由原籍前來時四人是實，我等未曾去策妄喇布坦處，經過策妄喇布坦東側邊界，抵吐魯番後，遇到我俄羅斯前來貿易之迪米第里、阿列克謝、里番提、阿蘇爾四人，我俄羅斯叫安迪里之人，原先帶我的貨物，未給銀，我打聽安迪里現在何處，迪米第里告曰，安迪里現在西藏往來貿易，倘返回，於青海等處貿易等語後，我尋找安迪里，欲來青海時我俄羅斯之迪米第里等四人亦欲與我等一起前來青海，是以我等八人於去年十二月於吐魯番起程，於今年二月抵青海，經訪查安迪里之訊，告以前往西部貿易未返等語，我等爲歇牲畜暫住青海等候，今年四月安迪里由西部返回後，我索取銀兩時安迪里告曰，我帶來少量商品，進入西寧多已售出後還爾等語。安迪里等六人，我等八人共十四人會合一處，前來此地，扎爾固奇告稱，倘無加加林之文書，不准貿易，倘有加加林之文書，報部奏請諭旨後，是否允准貿易之處，俟部文到後方定等語。我等小人伏思，聖主憐憫我等俄羅斯人，倘有加加林之文書，允准貿易，我倘交文書，安迪里帶來之貨物可以售出，欠我之銀可得矣等因，是以將我帶來之加加林鈐印文書呈遞等語。又問伊凡雅雷斯基，爾等帶來之俄羅斯文內惟開列四人，爾等先前爲何謊告十四人，伊凡告曰，我等豈敢謊報，因我等小民不知此例，將我等總計十四人即報十四人是實，此外我等無別項緣由等語。將安迪里、迪米第里等人帶來一一詢問，俱照一一〔註264〕回答。我又問爾等十四人內，有別處之人乎。告曰此俱係我察罕汗所屬之人，無別處之人等語。故我將伊凡等十四人暫行安置，至此等人如何處理之處，俟部文到時遵行等語。

〔註264〕此處補一字。

　　臣等議覆，據先前前來西寧貿易之俄羅斯伊凡等十四人帶來之俄羅斯文內開，將伊凡雅雷斯基等四人，遣往厄魯特渾台吉國貿易等語，而伊凡等人不前往指定地點，反而多帶來十人，前來西寧，並非專門遣往我邊界地區貿易者，即不准此等人貿易，應詳盡問明俄羅斯伊凡等人，伊等是否已前往厄魯特之策妄喇布坦地方，多帶之十人俱係何處之人，來時取道何處各等情，俟問明後到時再議等因，經具奏，業經行文駐西寧之員外郎舒金泰，今據員外郎舒金泰問後咨呈之文內稱，據伊凡雅雷斯基等告曰，我等由原籍前來時共四人是實，我等未前往策妄喇布坦處，途經策妄喇布坦東側邊界，抵吐魯番後遇見我俄羅斯前來貿易之迪米第里等四人，我欲尋找欠我債之我俄羅斯安迪里前來青海，迪米第里等四人亦欲與我等一起前來，我等於去年十二月於吐魯番起程，今年二月抵青海，聞得安迪里前往西部貿易未歸，我等爲歇我等牲畜前來青海暫住等候，四月安迪里由西部返回後，我索還銀兩時安迪里曰我帶來少量貨物，進入西寧多巴售出後還你等語。安迪里等六人，我等八人總計十四人會合一處前來此地，此外我等無別項緣由，此俱係我察罕汗所屬之人，無別處之人等語。查得俄羅斯伊凡雅雷斯基等並非前來我邊界地方貿易者，係專門前往策妄喇布坦地方貿易之人，未去指定之處，反而多帶十人前來，另有緣由之處亦不可料定，理合不准此等人貿易，立即驅回，惟此等人俱係察罕汗之人，遠道而來，所帶貨物既不多，既允准此等人貿易，將此咨文員外郎舒金泰，詳盡問明俄羅斯伊凡雅雷斯基等人，爾等係前往策妄喇布坦處貿易之人，而爲何未去，雖聲稱經過策妄喇布坦東西邊界前來，然經過何名地方前來，走幾個月，再安迪里等由伊等俄羅斯地方何時起程前來，何時前往西部，住青海何人處，爾等返回時仍走前來時之路，或走另外之路等情，詳問後報來可也等語，爲此謹奏請旨。

　　領侍衛內大臣兼理尚書事務公臣阿靈阿。

　　郎中臣特古特〔註265〕。

　　主事臣圖眞。

　　主事臣托西。

　　硃批，俄羅斯人現在京城，將此由告明後，伊等又有何言，問完來後再定。

────────────

〔註265〕《清代職官年表》滿缺侍郎年表作理藩院右侍郎特古忒，疑爲後陞任者。

[60] 理藩院奏請將原公獲罪之袞布札布遣往軍中効力摺（康熙五十四年七月初八日）[1]-2636

理藩院謹奏，爲欽奉上諭事。

據原烏珠穆沁公袞布扎布〔註266〕呈稱，我係獲罪之人，願前往軍中効力，再爲協助軍需捐馬十五匹，請將此等處具奏等語。該文於康熙五十四年七月初七日交乾清門藍翎喇錫等轉奏。奉旨，交院議奏，欽此欽遵。查得原公袞布扎布係因罪革退公之人，今既願前往軍中効力，並捐馬十五匹，擬將袞布扎布遣往將軍費揚古等軍中，於人犯等中効力行走可也，伊所捐之馬十五匹著袞布扎布帶去，交付費揚古等人，倘有使用之處使用可也，爲此謹奏請旨。

領侍衛內大臣兼理尙書事務公臣阿靈阿。

郎中臣特古特。

主事臣圖眞。

主事臣托西。

硃批，袞布扎布不可遣往，著停止遣往。

[61] 陝西巡撫噶什圖陞任巡撫請訓旨摺（康熙五十四年七月初九日）[1]-2637

陝西巡撫奴才噶什圖〔註267〕謹奏，爲請聖主訓旨事。

奴才原爲微末武員，主子施洪恩屢加任用，今又超擢補放巡撫，奴才自聞旨之日起即惶悚，憂思何以報効主子鴻恩，奴才於布政使任內俱遵主子指示之訓旨而行，伏思巡撫之任甚爲緊要，現又前往辦理軍機事務，奴才年輕，係粗鄙之人，因不能盡任，憂思不已，伏乞主子憐憫降訓旨，奴才定欽遵効力而行，爲此謹奏請旨。

硃批，今正值用兵之際，乃爲臣之人効力之機矣，爾既新陞，閱歷不多，凡事應與總督鄂海〔註268〕詳議而行，總督辦事甚佳，爲官之人宜公正清廉効力，與爾赴布政使任所訓相較，無另旨。

〔註266〕袞布扎布爲內扎薩克蒙古烏珠穆沁部扎薩克和碩車臣親王素達尼弟烏達喇希子，《欽定外藩蒙古回部王公表傳》卷之三十四《烏珠穆沁部總傳》載，康熙三十一年素達尼弟協理臺吉烏達喇希妻，以烏達喇希證車根從逆狀，乞予敘，理藩院議，烏達喇希故，應贈輔國公，令子袞布扎布襲，從之，後停襲。《蒙古世系》表十六失載。

〔註267〕《清代職官年表》巡撫年表作陝西巡撫噶什圖。

〔註268〕《清代職官年表》總督年表作川陝總督鄂海。

[62] 陝西巡撫噶什圖奏請允准要事摺奏摺（康熙五十四年七月初九日）[1]-2638

陝西巡撫奴才噶什圖謹奏，爲請允准摺奏事。

奴才原係一微末駑鈍武員，聖主施恩不次拔擢，今又晉陞巡撫，伏思巡撫之任甚爲緊要，地方之事不可用明本具奏，倘有要事，奴才先具摺奏請聖主指示之訓旨後，奴才遵行甚易，且可免於舛錯，伏乞聖主憐憫，允准奴才摺奏，爲此謹奏請旨。

硃批，巡撫之任即摺奏之事矣。

[63] 議政大臣蘇努等奏請總兵官路振聲駐兵摺（康熙五十四年七月十九日）[1]-2644

議政大臣固山貝子都統臣蘇努等謹奏，爲請旨事。

竊准陝西總兵官路振聲奏言，康熙五十四年六月十二日接准行在兵部咨稱，據行在理藩院咨稱，准哈密回子佐領色頗爾〔註269〕報稱，策妄喇布坦兵將至，我城北數里外村莊農夫皆已撤入城內，今雖暫時去看田，但小民不得久住，恐誤耕田及澆灌，今仰賴皇上之恩，總兵官路振聲之兵駐守在西喇胡盧蘇臺地方，致使我處防守堅固如山，倘若將此處兵移駐我處以北之托河齊哲克得里等地方之村莊週圍，則我等賤民得以安心務農，糧米有收，皆仰仗皇恩等語。查得肅州總兵官路振聲現率兵暫營於哈密以內西喇胡盧蘇臺地方，以俟額駙阿寶、輝特公羅卜藏等兵到日開赴哈密，會同大兵進剿。今回子佐領色頗爾曰，請將總兵官路振聲移駐我城北托河齊哲克得里等地，則村莊內之我等賤民，皆可安心務農，收糧爲生等語。故此總兵官路振聲行文額駙阿寶、輝特公羅卜藏等，以俟大軍，將其兵移駐托河齊哲克得里等地，查勘村莊地方形勢，伊等商議巴里坤等隘口設哨事畢，其移駐何地，設哨何地等處奏聞等因，於康熙五十四年五月二十四日交付乾清門藍翎喇錫轉奏。當日奉旨，依議，欽此。由我部行文額駙阿寶、輝特公羅卜藏等處，移送爾部，請轉行該提督總兵官等語，行文送至該總兵官。本日又收西安將軍席柱、吏部尚書富寧安之箚付，仍如前事文，內稱，爾之兵移駐何地，設哨何處等事一面奏聞一面來報本將軍等語。又咨行提督師懿德之符節至，總兵官我曾駐距哈密城六十里外黃蘆崗湖濟地方，因無水草，復行移駐哈密塔勒納沁以北

〔註269〕《平定準噶爾方略》卷二頁七作色珀爾。

三十里外雪山附近有水草之地，牧養馬畜，以俟大兵，該雪山以北亦直通巴里坤，吐魯番之要道，臣移兵設營後，派出官兵赴山以遠，往西二百餘里地方，設哨於莫哀口，取信至圖古魯等險要地方觀之，與哈密扎薩克額敏所設哨探相通，今接部文，令我會同商議，移駐哈密城以北村莊，俾回子等得以安心務農收糧等語。唯額駙阿寶、輝特公羅卜藏之兵尚未前來，故未商議，隨即派我標下守備馮齊耀往托河齊哲克得里等地詳查地勢水草，以備遷移，今據回報，托河齊即係哈密以北五堡之第三堡，哲克得里即為第三堡西北之沙棗泉，彼地水草，可牧放我兩標馬畜等語，遂於六月二十四日我即率提督總兵官標下官兵一千五百餘，由雪山起程，赴哈密北側沙棗泉立營駐守，令回子等安心收割，又查設哨探地方，據云沙棗泉乃哈密北山口，巴里坤之要道等語，奴才抵彼地後，除扎薩克額敏設哨探外，擇其險要，增設哨探，以期無事，且額駙阿寶、輝特公羅布藏之兵到後，仍俟大軍抵達，會同進剿，現將奴才所率官兵移駐沙棗泉之處，謹具奏報，伏乞皇上睿鑒施行等語。

臣等會議，據陝西肅州總兵官路振聲密奏言，接准行在兵部咨稱，據行在理藩院咨稱，准哈密回子佐領色頗爾報稱，策妄喇布坦兵將至，我城北數里處村莊農夫皆已撤入城內，今雖暫時去看田，但小民不得久住，恐誤耕田及澆灌，今仰賴皇上之恩，總兵官路振聲之兵駐守在西喇胡盧蘇臺地方，致使我處防守堅固如山，倘若將此處兵移駐我處以北之托河齊哲克得里等地方之村莊週圍，則我等賤民得以安心務農收糧，皆仰仗皇恩等語。查得肅州總兵官路振聲現率兵暫營於哈密以內西喇胡盧蘇臺地方，以俟額駙阿寶、輝特公羅卜藏等兵到日開赴哈密，會同大兵進剿，移其兵後，查勘托河齊哲克得里等地方形勢，伊等商議，巴里坤等隘口設哨事畢，其設哨何處，駐紮何地等處奏聞等因，於康熙五十四年五月二十四日交付乾清門藍翎喇錫轉奏。奉旨，依議，欽此欽遵。由該部送文前來，文內稱，爾之兵移駐何地，設哨何處等事，應予奏聞等語。路振聲我先駐距哈密城六十里外黃蘆岡湖濟地方，因無水草，復行移駐哈密塔勒納沁以北三十里處雪山附近有水草之地，牧養馬畜，以俟大軍，該雪山以北亦直通巴里坤、吐魯番之要道，臣移兵設營後，派出官兵赴山以遠，往西二百餘里地方，設哨於莫哀口，取信至圖古魯等險要地方觀之，與哈密扎薩克額敏所設哨探相通，今接部文，令我會同商議，移駐哈密城北村莊，俾回子等得以安心務農收糧等語，唯額駙阿寶、輝特公羅卜藏之兵尚未前來，故未商議，隨即派我標下守備馮齊耀往托河齊哲克得里等地詳查地勢水草，以備遷移，今據回報，托河齊即係哈密以北五堡之第三堡，哲克得里即爲第三堡西北之沙棗泉，彼地水草可牧放我兩標馬畜等語，遂於六月二十四日我即率提督總兵官標下官兵一千五百餘，由雪山起程，赴哈密北側沙棗泉立營駐守，令回子等安心收割。又查設哨探地方，據云沙棗泉乃哈密北山口，巴里坤之要道等語，奴才抵彼地後，擇其險要，增設哨探，以期無事，且額駙阿寶、輝特公羅布藏之兵到後，仍俟大軍抵達，會同進剿，奴才所率官兵移駐沙棗泉，業已奏報等語。查得前據理藩院奏言，據哈密回子佐領色頗爾日，路振聲之兵若駐紮我城北托河齊哲克得里等村週圍，我屬下衆人得以安心屯田等語，故此行文路振聲等，等候大兵之際，率兵進駐托河齊哲克得里等村週圍要地，於巴里坤等路隘口設哨等事，伊等會議後移駐等因具奏施行在案，今路振聲遵循部文移兵駐紮，則無庸議。又路振聲之兵即係同大軍進剿之兵，應行文將軍席柱、尚書富寧安等，路振聲之兵或駐紮現安營之地沙棗泉，或隨同大兵駐紮巴里坤等地之處，令席柱、富寧安等酌情辦理可也，爲此謹奏請旨。

議政大臣固山貝子都統臣蘇努。

議政大臣領侍衛內大臣侯臣巴渾德。

議政大臣公臣鄂倫岱〔註270〕。

議政大臣領侍衛內大臣公臣阿靈阿。

硃批，哈密滋事，總兵路振聲便速至救援，此等調遣皆爲得當，甚爲可嘉，不負朕之重用，允稱良吏，著寫明此旨，與此事一併發去，餘依議。

[64] 兩江總督赫壽奏聞願捐銀買漕糧摺（康熙五十四年七月二十二日）

[1]-2645

奴才赫壽謹奏，爲奏聞事。

竊思皇帝威德普照，萬邦傾心向化，自開天闢地以來無如聖主之朝隆盛者，今策妄喇布坦尋死，來犯哈密回子之時我二百名綠旗兵數百名回子尚不能敵，潰敗不屑一顧，來年大軍進討，其滅亡之處，不想便知，奴才於擬捐納萬兩銀之奏摺內奉硃批，此銀倘買四川湖廣之米可得二萬石，即貯江寧於事有益，欽此。此實爲皇帝惠愛小民猶如赤子，無時不爲民生籌度，奴才看得江寧城內聖主所留漕糧既然有十萬餘石，奴才願買一萬石米貯於江寧，以

〔註270〕《欽定八旗通志》卷三百十八作領侍衛內大臣公鄂倫岱。

備平糶，熬粥散給。再崇明縣地方深入海內，兵民密集，當地種棉多，出米少，由其他州縣所送軍糧及買賣人販賣之米，倘阻於風浪，兵民陷入困境之處，亦不可料，奴才愚以爲，奴才情願再次購買一萬石米穀運至崇明，妥善貯存，倘軍糧稍有遲延，即將此米暫先給發，俟別處辦來之米一到，照數償補貯存可也，倘米價上漲，亦可將此米酌量出手，以平價發糶，再以所賣價銀採買米穀償補，如此則崇明兵民不至拮据，俱可荷蒙皇帝隆恩，江南地方今年六月雨水過多，下江地方窪地之田，有稍微被水者，然無被水嚴重之處，其高阜之處及中高之處之田甚好，今江寧之米價每石售一兩、一兩一錢銀不等，較先前價值稍降，秋收後定又降，爲此一併恭奏以聞。

硃批，知道了。

[65] 福建巡撫滿保奏請兵械何時送往京城摺（康熙五十四年八月初一日）[1]-2656

福建巡撫奴才覺羅滿保〔註271〕謹奏，爲奏聞事。

竊照今年五月初八日奴才家人賫奏請安摺於七月三十日返回，奴才跪領展讀，荷蒙硃批，伏見聖體萬安，不勝欣慰，又奉御批，福建地方甚爲遙遠，各省假報極多，厄魯特策妄喇布坦派兵兩千來擾哈密，哈密駐班遊擊潘知善〔註272〕遇之，即率領綠營兵二百回子兵數百，三次追擊二十餘里，斬殺數百，厄魯特再不敢戰倉惶遁逃，現正議進兵時機，因爾等遐遠，恐傳有訛，故書大略，諭爾知之，此諭亦給總督將軍看，欽此欽遵。欽惟聖主文德武功奇蓋千古，海內環宇咸俱仰慕天恩，無不傾心向化，厄魯特策妄喇布坦乃蚍蜉之類，敢負聖恩，來擾哈密，乃其自取滅亡也，福建地方遠離京城，且有假報書信，竟不得實情，唯聞策妄喇布坦派兵擄掠哈密，聖主遣臣率兵分路征剿等因，奴才職守遠疆，未効犬馬，不勝焦炙，與總督范時崇〔註273〕商議，恭摺奏請恩准造槍三千藤牌五百挑刀五百送往京城，以備進剿之用，擬於八月初一日賫送，七月三十日親領聖主御批，仰見以我兵二百大敗賊兵二千，追殺二十餘里，誠王師無敵，天威無所不到也，奴才讚歎無已，遂捧御批，於總督范時崇、將軍祖良璧〔註274〕閱看，亦召集在城文武官員覽旨，至此眾皆方明此事之始末，齊贊天威浩蕩，叩謝聖主曉諭之恩，除將聖旨抄咨水陸提

〔註271〕《清代職官年表》巡撫年表作福建巡撫覺羅滿保。
〔註272〕《平定準噶爾方略》卷一頁十八作遊擊潘至善。
〔註273〕《清代職官年表》總督年表作閩浙總督范時崇。
〔註274〕《欽定八旗通志》卷三百三十一作福州將軍祖良璧。

鎮及臺灣官員閱視外，所有接旨遵行之處，先行奏聞。再福建尙爲產鐵之地，其槍藤牌挑刀等三種兵器是否仍用，應於何月送往京城，奴才等愚庸，弗能知之，叩請聖主指訓，奴才等謹遵施行，爲此謹奏請旨。

硃批，槍不需要，藤牌挑刀仍用，二三月左右運至爲好。

[66] 山西巡撫蘇克濟奏由鄂爾多斯等路運米摺（康熙五十四年八月初二日）[1]-2659

山西巡撫奴才蘇克濟謹奏，爲軍需之米穀及賑濟被災百姓，所關皆甚綦重，恭陳運米穀之路險峻情形，仰乞睿鑒事。

竊思大軍動米穀隨，賑饑民米穀先，聖主文武之德，超越古來帝王，四海之內盡皆向化，普天之下百姓安居樂業，不意不知死之策妄喇布坦進犯哈密，聖主遣大軍征討，小賊不日即亡。再蘭州等地連年被災，聖主軫念小民，特派大臣賑濟，饑民俱蒙隆恩，復得生計，奴才一介庸愚，聖主施恩，不次拔擢，畀以巡撫重任，然寸長未效，些許愚見，敢不達於聖聰。奴才竊思甘肅現已駐大軍，需用米穀，又賑濟饑民，需米穀甚多，倘當地倉米不敷用，定須運送附近〔註 275〕之西安山西省米穀接濟，查得若將山西省平陽府之米穀由黃河渭河水路運至西安不甚難，惟由西安等處至蘭州運送之時，雖一千五六百里，然皆係高山大嶺，路險峻狹窄，馱子難走，倘遇雨雪則更難行，若耽延時日饑民渴望賑濟，軍糧一時難以爲繼，所關非輕，現在蘭州等地被災，食用之物草豆價俱昂，所需錢糧倍增，且似無益，奴才詳加籌度，與其運西安等地之米穀，不如運送山西大同府大有倉現存之二十萬餘石米穀，惟此米既不〔註 276〕敷用，查得由大同府至湖灘河朔有四百餘里，由湖灘河朔至陝西橫城口不到千里，由橫城口至蘭州有七百里，到固原有三百里，運米穀毫不耽誤，租金亦可省一半，運此米穀倘分爲三隊運送，可不致辛苦運抵，由大同府運至湖灘河朔，再由湖灘河朔租鄂爾多斯之車畜，運至橫城口，由橫城口交付蘭州該管官，運至被災各地賑濟，於民有益，且若甘肅軍用米穀不敷用，將此米穀陸續運至，於大軍亦有益，蘭州、鄂爾多斯路俱係奴才原任監察御史時欽命行走之地，因稔知兩路險寧情形，故冒昧具奏，伏乞聖主睿鑒，爲此謹具摺奏聞〔註 277〕。

奴才蘇克濟親書。

〔註 275〕原文作附備，今改正爲附近。
〔註 276〕原文作欲不，今改正爲既不。
〔註 277〕原文作奏用，今改正爲奏聞。

[67] 直隸總督趙弘燮奏報山洪爆發道路泥深捐購馬匹起程受阻摺（康熙五十四年七月初五日）[2]-1833

總督管理直隸巡撫事務兵部右侍郎兼都察院右副都御史加玖級又加肆級臣趙弘燮謹奏，爲奏明事。

切直屬捐購馬騾等項，臣分作叁起解送，又恐沿途槽店無多，不能一時並進，於每起之中復分爲伍隊，其第壹起解送貳千伍百匹馬騾日期臣已具疏題報在案，所有第貳起馬騾亦現在起程繕疏矣，但積雨之後，又於柒月初叁初肆兩夜大雨，勢如傾盆，在在山河發水，道途泥濘非常，近如眞定府之滹沱河水勢氾濫洶湧於兩岸，清苑縣之徐河，安肅縣之漕河，定興縣之北河，涿縣之胡良河盡皆漲漫，其已經北發之馬騾不無阻滯觔延，臣雖經飛飭各屬多備船隻，伺候擺渡，然水溜河寬，往返載送亦需時刻，其餘陸地稍有低窪者俱淖深數尺，人馬難以遄行，今直屬馬騾起程者已經起程，買足者業已買足，無如值此水大泥深之候，不能速進，臣犬馬之心甚爲焦急，無任惶悚，故不得不將水大泥深之下情奏明，再目下雨水雖大，臣差查各屬地方高阜之處秋稼漸已秀實，豐茂倍常，其低窪之處雖暫時被水淹，據稱無甚妨礙，西成大有，已可預慶，合併奏聞，統祈睿鑒。

康熙伍拾肆年柒月初伍日總督管理直隸巡撫事務兵部右侍郎兼都察院右副都御史加玖級又加肆級臣趙弘燮。

硃批，今已立秋，大槩無妨。

[68] 直隸總督趙弘燮奏請將俸工捐抵餵養馬騾費用摺（康熙五十四年七月二十三日）[2]-1845

總督管理直隸巡撫事務兵部右侍郎兼都察院右副都御史加玖級又加肆級臣趙弘燮謹奏，爲奏明事。

切直隸捐輸馬騾等項業已購買全備，經臣分爲叁起委官解送起程題報在案，今於柒月貳拾壹日准戶部咨開，蒙皇上以今歲雨水大是實，此項牲口若到湖灘河朔疲瘦不堪，且前途遙遠，又值寒冷之時，及至回來則年底大寒，人與牲口在冷處不曾經慣，必致大受傷損，俟明年青草出時再令運米如何，令議政大臣詳議具奏，欽此。所頒上諭甚是，牲口今年運米，既不使用，應行文該撫等將此牲口停其解送湖灘河朔，各在本省加謹餵養，於明年青草未發之前，照原議送至湖灘河朔等因，奉旨依議，欽此。行文到臣，伏惟皇上至聖至明，仁民愛物，眞如天地之無所不覆，無所不載也，查直隸馬騾已盡起程，其第壹起將次可到湖灘河朔，今准部咨，臣遵即差員前往趕回，但此馬騾若盡數發回原購地方餵養，則恐遠處牲口往返勞傷，再則恐州縣官轉發於民，致滋派累，臣思畿內仰荷皇恩數十年來從無私派，豈可使州縣復生此弊，若令盡在宣府餵養，又慮牲口人夫衆多，宣屬草料糧食價昂，費用益繁，今臣再四思維，除宣屬所購之馬騾仍令本府屬州縣領餵外，其順永保河四府離宣尚近，亦應令趕回原購州縣餵養，惟眞順廣大肆府距宣窎遠，不便往返，應酌量撥留宣府，少爲分餵，令委解之官在順天府屬就近地方餵養，至此項草料每日柒千伍百匹並餵馬人夫約計共需銀柒百餘兩，約算柒個月，共需銀拾伍萬兩有奇，無項可動，臣令守道暫動正項錢糧，亦於俸工銀內捐抵還項，臣查伍拾伍陸兩年俸工原係臣題請爲修理密雲縣城垣之用，嗣經部覆奉旨現今爲軍務事，直隸官員捐助馬騾，將此案暫行收存，俟軍務捐完之日爾等再行啓奏，着知會該撫，欽此。蒙聖恩軫恤備至，直屬官員無不感激思奮，以圖報效，臣請將伍拾伍陸兩年俸工捐抵採買不敷馬騾等項銀兩外，再將伍拾柒捌等年俸工捐抵此番餵養之費，庶正項有抵而私派可絕，於軍務民生兩有所裨矣，臣謹具摺奏明，仰祈睿鑒。

康熙伍拾肆年柒月貳拾叁日總督管理直隸巡撫事務兵部右侍郎兼都察院右副都御史加玖級又加肆級臣趙弘燮。

硃批，着速具題。

[69] 直隸總督趙弘燮奏報捐助駱駝數目摺（康熙五十四年七月二十九日）[2]-1851

總督管理直隸巡撫事務兵部右侍郎兼都察院右副都御史加玖級又加肆級臣趙弘燮謹奏奏，爲奏報微臣捐助駱駝事。

切臣近閱邸報內開議政大臣議奏運送哈密米石，使駱駝運送不甚費力，冬天容易行走等因，臣世受國恩，身蒙聖眷，目下西路用兵，臣不克親赴邊圍，以効指臂之力，寸心時刻難安，臣自臣父在日分授臣駱駝拾捌隻，孳生至今已有柒拾陸隻，除新生及未曾調練駄過者不算外，現在實有堪用駱駝肆拾隻，今聞哈密運米需用駱駝，臣情願將此肆拾隻捐助備用，以助軍務於萬一，以盡犬馬之微忱，除臣飛遣家人星夜至寧夏將駱駝照數交送寧夏道，撥人轉解甘肅巡撫查收運米，並知會臣兄臣弟家中，亦令各自量力捐助，另行交送外，所有微臣捐助駱駝數目理合具摺奏報，仰祈睿鑒。

康熙伍拾肆年柒月貳拾玖日總督管理直隸巡撫事務兵部右侍郎兼都察院右副都御史加玖級又加肆級臣趙弘燮。

硃批，知道了。

[70] 閩浙總督范時崇奏謝傳旨得知澤旺阿喇蒲坦不久將平摺（康熙五十四年八月初一日）[2]-1857

奏，福建浙江總督臣范時崇謹奏，為敬聆聖諭，恭謝天恩事。

本年七月三十日福建巡撫臣蒲保〔註278〕親傳旨意，臣即跪聆聖旨，福建地方甚遠，各省抄報不真者甚多，厄魯特澤旺阿喇蒲坦着兵二千來搶哈密，所來賊兵遇防守哈密遊擊潘之善〔註279〕止帶綠旗兵二百，回子兵不多幾百，衝擊三次，趕殺二十餘里，斬獲數百人，厄魯特不敢再戰，敗遁而去，現在酌議進兵機宜，爾等閩省隔遠，恐有傳聞不實，特將此事大略下旨曉諭爾等知道，並將此旨傳示總督將軍，欽此。欽惟我皇上聖文神武，超越百王，自聖駕北臨平定沙漠以來，凡有血氣莫不尊親，何物澤旺阿喇蒲坦自取滅亡，侵凌哈密，皇上廟算如神，兵機莫測，行見小醜不久即生致於闕下，今聞守邊之士以極少之兵而能斬獲無數，擊之遠遁，此雖將士之効命，實皇上當年天威之赫赫，久已懾其魂膽，故一見天朝兵馬即抱頭而鼠竄也，臣與撫臣蒲保遠處天末，但聞皇上命將分兵，未能詳細得知，又思効力無從，正欲奏請聖旨在福建捐造鳥槍三千桿藤牌五百面挑刀五百把解送遞京，少資軍需之用，以伸臣等一點微忱，今奉聖旨知澤旺阿喇蒲坦且晚即平，臣聞命之下歡忭無似，隨即敬錄聖旨傳示各提臣各鎮臣並臺灣道，囑其宣揚聖諭，遠布國威，至於前項鳥槍藤牌挑刀三項應否俯准臣等製完解送，仰祈聖鑒指示遵行，今蒙我皇上聖慮周詳，無遠勿屆，恐傳聞之不實，頒御筆以曉諭，使官吏兵民莫不踴躍鼓舞，此又不僅臣等之感戴聖恩已也，為此具摺覆旨，臣謹奏。

康熙五十四年八月初一日。

硃批，知道了。

[71] 廣西巡撫陳元龍奏為捐銀以助討澤旺阿喇蒲坦用兵摺（康熙五十四年八月初五日）[2]-1859

廣西巡撫兵部左侍郎兼都察院右副都御史臣陳元龍叩首謹奏。

〔註278〕《清代職官年表》巡撫年表作福建巡撫覺羅滿保。
〔註279〕《平定準噶爾方略》卷一頁十八作遊擊潘至善。

臣接閱邸抄聞知澤旺阿喇布坦〔註 280〕上負聖主覆育洪恩，輒於哈密地方潛行竊掠，皇上為民除害，不得已用兵征剿，行見釜底游魚，即日殄滅，至轉運兵糧最為緊要，伏讀諭旨指示方略，一切作何轉運以及口外地名道里遠近，雖數千里之外如在衽席之間，神謨無遠不周，睿算無微不到，因小醜之未靖，煩宵旰之勤勞，臣受恩深重，不能荷戈執殳，而地方僻遠，而又不能捐輸一馬一騾，稍効微勞，此心日夜難安，謹捐銀肆千兩稍佐運腳之萬一，廣西地方貧苦，臣並不敢斂派屬員，即此些微皆臣自己積蓄，無非出自主上恩賜也，伏乞聖慈准交戶部查收，以展區區犬馬之心，臣無任感激悚惶之至，謹奏。

康熙五十四年八月初五日臣陳元龍叩首叩首。

硃批，知道了。

[72] 陝甘提督師懿德奏報官兵已到哈密日期摺（康熙五十四年八月十一日）[2]-1861

提督陝西甘肅等處地方總兵官帶降貳級留任戴罪圖功奴才師懿德謹奏，為奏聞事。

奴才統領官兵出口仍由哈密舊路徐徐前進，於八月十一日已抵探喇慶，依次前赴巴兒苦兒，會合將軍尚書等安營外，奴才恭接前進奏摺，跪讀御批訓旨，救民之饑最為要緊，命奴才亦該留心，欽惟聖主念重生民，包與同量，奴才敢不謹遵刻腹，以仰副愛養元元至意。又伏讀聖諭，京中南北口外麥田大收，田苗甚好，奴才跪聆之下，不勝拜手稱慶，歡忭無既也，今將官兵已到哈密日期謹繕奏摺恭進以聞。

康熙伍拾肆年捌月拾壹日提督陝西甘肅等處地方總兵官帶降貳級留任戴罪圖功奴才師懿德。

硃批，知道了。

[73] 原任肅州總兵麥良璽奏謝屢蒙鴻恩疊沛並請聖安摺（康熙五十四年八月十五日）[2]-1866

原任陝西肅州總兵官都督僉事加二級奴才麥良璽謹奏，為恭請聖安，仰祈睿鑒事。

竊奴才一介武夫，遭逢盛世，由微員歷至總兵官，皆出自皇恩拔擢，後因嚴疆任重，蚤負多慚，於肆拾肆年內以衰老乞休，蒙恩放歸田里，陛辭闕

〔註 280〕《平定準噶爾方略》卷一頁一作策妄阿喇布坦。

廷，復蒙聖主天恩，憐憫奴才窮苦，將奴才第伍子麥世位由陝西寧夏千總親召引見，拔置侍衛，不叁年即特放直隸涿州營參將，不肆年又補授山西大同得勝路參將，鴻恩疊沛，有加無已，奴才父子雖粉骨碎身，不能仰答高厚於萬一，今年六月內因蠢彝狂悖，侵擾哈密，特遣天兵進剿，奴才年歲衰邁，不能馳驅行間，繕摺具奏，請將奴才第伍子麥世位發往軍前効力，緣格於部議，未蒙俞允，是奴才父子欲報之心不得少伸，而犬馬微忱依然懸結，昨閱邸抄，奉上諭，目今天氣漸寒，水涸草枯，兵馬難於行走，俟青草萌動方可進征，仰見我聖主睿慮周詳，無微不照，從古帝王實所未見，凡在官兵自無不感激思奮，鼓舞爭先，狂彝小醜納款授首，可刻期而待，於明春王師進發之時若蒙聖主隆恩，將奴才之子世位派出，使之効力疆場，以備驅策，奴才父子之心庶可少盡矣，奴才今年已捌拾叁歲，蒙恩豢養，幸際昇平，悠游於光天化日之下，惟率闔家老幼朝夕頂祝，願我皇上萬壽於無疆耳，今遣奴才家人賷捧恭摺，恭請聖安，奴才無任瞻天仰聖，激切屏營之至，謹具摺以聞。

康熙伍拾肆年捌月拾伍日原任陝西肅州總兵官都督僉事加二級奴才麥良璽。

硃批，朕安，奏摺知道了。

[74] 康熙帝特命都統穆賽統領大軍並詳授權宜之諭旨（康熙五十四年八月二十八日）[1]-2674

康熙五十四年八月二十八日都統穆賽入請訓諭，奉旨，以爾堪用，特令前往統領大軍，今派出之兵有右衛、黑龍江、喀喇沁、察哈爾、土默特、鄂爾多斯、喀爾喀等處兵丁，和輯兵丁甚爲緊要，伊等雖自各處前往，但相處一年，勢必契合，先是派將軍費揚古前往，乃因其爲宗室公，爲人可信耿直，能管束衆人故用之，至是亦念爾爲舊[大]臣子孫，祖父良善，故派爾前往，統率兵丁不可稍軟。再此次前往人群內，（贖罪）[有罪]官兵約有二百人，其中爲大臣者亦有之，特恩准伊等前往効力贖罪，並非依靠伊等，另行編隊，爾抵達後，將滿洲蒙古編入各旗各甲喇內，其綠旗編入綠旗內，管束伊等効力而已，此等人並非善者，不可另留一處，此事甚爲緊要，朕本欲發文於將軍等，今爾即往故面諭之。再散秩大臣祁里德諳練蒙古事務，爲人可信，有膽氣，凡事與祁里德商辦。再婁徵額〔註281〕雖年老病衰，曾隨朕行兵各處，業

〔註281〕《平定準噶爾方略》卷一頁十五作新滿洲侍衛婁徵額。

已多年，熟諳地方，凡事精巧，諸事爾等相商而行，倘情投意合，則統一具奏，心意不合，則陳奏各見，朕所派往之幾個新滿洲等亦均行走熟練，可派往哨地驅使，若僅派新滿洲、蒙古等，則伊等喜好睡眠，可兼派我人同往，再彼處獺兒、沙蓬可食草根甚多，應問蒙古等後採食，並捕獵黃羊、長尾黃羊、獺兒等獸食用，如節省一月兵丁口糧，即得一月之益，欽此。再原總兵官藍理〔註282〕隨軍効力，此員頗驍勇，熟諳營伍，著爾臺之近前商議而行，必將受益，再簡選負罪前往，原有官職者委以章京、護軍校、驍騎校，亦將得力矣。

[75] 議政大臣蘇努等奏請達克巴喇嘛返回事摺（康熙五十四年九月初一日）[1]-2675

議政大臣固山貝子都統臣蘇努等謹奏，爲欽遵上諭事。

據頭等侍衛阿齊圖等奏稱，八月二十一日據住多巴之回子台吉阿訇〔註283〕來稟，策妄喇布坦屬下之達克巴喇嘛率領百餘人前來青海，多半馬匹乏倦落後，達克巴喇嘛本人率三十餘人已先來青海等語。詢問阿訇曰，因何事前來，落後之人留於何處等語。據告曰聞得惟達克巴喇嘛到，有何緣由及落後之人現在何處等情，並不知道，又聞得達克巴等於今年九月返回等語。問阿訇，由何路前來，今返回地走何路等語。據告曰此等人來時經噶斯口前來等語，彼時我大軍或許仍未到，此等人得以從容過來，今我等大軍抵噶斯口駐紮之處，伊等既俱已知曉，是以返回時走另外之路之處亦不可料定等語。是以奴才等咨文駐守噶斯口之尚書董大成，領兵出去之將軍席柱，尚書富寧阿等人，照此知會，奴才阿齊圖、常壽等於八月二十一日爲呼畢勒罕〔註284〕之事前往會盟之地，除抵會盟之地後，將所得之訊另行奏聞外，爲此恭奏以聞等語。康熙五十四年八月二十九日交閒散大臣喇錫等轉奏，奉旨，著交議政大臣，欽此欽遵。

臣等公同議覆，據侍衛阿齊圖等奏稱，據回子台吉阿訇來稟，策妄喇布坦屬下達克巴喇嘛率領百餘人，多半留於後面，達克巴喇嘛本人率領三十餘人，業已先期抵達青海，達克巴等於今年九月返回等語，此等人前來時經噶斯口前來，彼時我大軍或許未到，此等人得以從容過來，今我大軍已駐噶斯

〔註282〕《平定準噶爾方略》卷一頁三十四作總兵官藍理。
〔註283〕原文作阿訇，今改正爲阿訇，本文檔皆改。
〔註284〕指七世達賴喇嘛羅布藏噶勒藏佳木磋。

口之處，伊等既俱已知曉，返回時走另外之路之處不可料定，是以業經咨文駐守噶斯口之尚書董大成，將軍席柱、尚書富寧安等人知會，奴才阿齊圖等八月二十一日爲呼畢勒罕事前往會盟之地，所得之訊另行奏聞等語。查得阿齊圖等既稱策妄喇布坦下之達克巴喇嘛等於九月返回，走另外之路之處不可料定，業經咨文尚書董大成，將軍席柱、尚書富寧安等人知會等語，除勿庸議外，侍衛阿齊圖等既稱爲呼畢勒罕事抵會盟之地後，所得之訊擬另行奏聞，是以俟阿齊圖等具奏之時再行會議，爲此謹奏請旨。

議政大臣固山貝子都統臣蘇努。

議政大臣領侍衛內大臣公臣額倫岱。

議政大臣領侍衛內大臣公臣阿靈阿。

議政大臣領侍衛內大臣公臣海金。

大學士臣嵩祝。

議政大臣都統兼管先鋒大臣臣郎圖。

議政大臣兵部尚書公臣孫澂灝。

硃批，依議。

[76] 議政大臣蘇努等奏請兵由噶斯口返回肅州事摺（康熙五十四年九月初一日）[1]-2676

議政大臣固山貝子都統臣蘇努等謹奏，爲欽遵上諭事。

據鑾儀衛尚書董大成奏稱，除臣於今年六月二十二日帶領二千滿洲綠旗官兵由肅州出嘉峪關之處早已具摺密奏外，由嘉峪關至噶斯口有三千餘里，倘有臕肥之馬月內可到，惟滿洲綠旗官兵由西安遠道而來，由甘州起程時總督屬下兵丁給發馱米馬匹三百匹，每人各兩個月四斗口糧，滿洲兵丁每人各兩個月八斗口糧，將此用以拴養伊等原騎來之馬及馱運甲盔鍋帳房等物，况且口外水、水草地不好，抵昌曼河後，因山水下來，無架設之橋和渡船，馱米之牲畜多被水淹，又無水、水草地戈壁地方有數里，一百五六十里者亦有，一百七八十里者亦有不等，由小柴達木至柴〔註285〕達木、烏魯蘇俱係有沙漠鹽湖之戈壁，水、水草地俱無，走兩日一夜方可抵有水、水草地，是以兵丁之馬匹乏倦者亦有，倒斃者亦有，大半馬匹俱牽著步行，故耽延日久，理合陳明，臣於柴達木揀選滿洲綠旗官兵五百於八月十二日先期抵達噶斯口，設

〔註285〕原文作費，今改爲柴。

營防守，其餘官兵陸續到達，滿洲綠旗官兵雖步行，然俱奮發前行，期以早滅此賊，報効聖主養育隆恩，為此具摺謹密奏等語。康熙五十四年八月二十九日交奏事員外郎雙全等人轉奏。奉旨，交付議政大臣，欽此。本日諭領侍衛內大臣公阿靈阿，聞由口至噶斯口有一千七百里，原先阿南達〔註286〕曾奏聞，今董大成何以又言有三千里呢，噶斯路甚窄，策妄喇布坦斷不能走此路，今已值寒冷季節，停止駐守可也，著董大成於噶斯口再往里，視妥協放火後，率兵返回肅州前來，將此交付議政大臣一併議之，欽此欽遵。

臣等公同議覆，據董大成奏稱，臣於本年六月二十二日率兩千滿洲綠旗官兵由肅州出嘉峪關，由嘉峪關到噶斯口有三千餘里，惟滿洲綠旗官兵由西安遠道而來，由甘州起程時所發兩個月口糧，俱用以拴養伊等原騎來之馬匹及駄運甲盔鍋帳房等物，況且口外地方水、水草地不好，抵昌曼河後因山水下來，駄米牲畜多被水淹，又因走無水、水草地之戈壁地方，兵丁之馬匹乏倦，倒斃者亦有，臣由柴達木地方揀選滿洲綠旗官兵五百名於八月十二日先期抵噶斯口，其餘官兵陸續前來等語。查得噶斯路甚窄，策妄喇布坦斷不走此路，今既值嚴寒之季，咨文董大成將噶斯口週圍所有可下榻之水草地，俱放火可也，噶斯口以里，視妥協多放火後，帶領兵丁返回肅州，冬季動用正項錢糧餵養馬匹，俟來年出青草之時或將將軍席柱與此等兵丁一起遣往，或另行調遣之處再議。查得先前將軍席柱、尚書富寧阿等奏稱，遣往噶斯口之官兵給發五個月野外錢糧，兩個月口糧等語。續巡撫綽奇奏稱除駐噶斯兵丁運往之廩餼米外，再採買五十天食用之一千五百餘石米緊急運往，倘所得之米短缺，或駄運之牲畜短缺，酌量將牛羊摻和運往給發等語，經議政大臣會議，俱照伊等所奏施行在案，今董大成之兵丁於六月二十二日起程，行走五十日後於八月十二日抵達噶斯，今估料倘咨文後返回肅州，需於十一月抵達，原運往之二個月廩餼米以及續運往之五十日米，總計給發一百一十日米，估計仍欠缺四十餘日廩餼米，此間是否有米運到之處既未報來，將此咨文巡撫綽奇、噶什圖，除已撥給之一百一十日廩餼米外，倘又有運到之米則已，倘無運到米則計算董大成之兵丁返回肅州日期，不足之米，或米或牛羊摻和，遣員緊急迎送前去可也。再董大成稱，抵昌曼河後，因山水下來，兵丁駄米之牲畜被水淹，經過戈壁之時牲畜乏倦，倒斃者亦有等語，兵丁之甲盔軍器甚重要，返回時不可無駄運之牲畜，既然如此由巡撫綽奇、噶什圖等撥給一

〔註286〕《平定準噶爾方略》卷二頁三十五作阿南達。

千匹牲畜，派出賢能官員，令作速迎送前去，以備兵丁騎用馱運可也。查得先前撥給甘肅兵丁之兩千匹馬之缺，特降旨，將鹽湖、太僕寺之馬匹四千送去，除已撥給之二千匹馬外，仍剩之二千匹馬曾准甘肅巡撫酌量使用，今或將此剩餘之二千匹馬立即撥送，或將各處送去、採買之牲畜撥送之處，由巡撫綽奇、噶什圖等酌量撥給遣往可也。再先前阿南達曾奏稱，由口到噶斯有一千七百里，今董大成既然又奏有三千里，則由嘉峪關通噶期有幾條路，董大成去時走何路，此間有多少里之處，俟董大成返回時明白丈量，奏聞可也，命下之日擬咨文知會將軍席柱、尚書富寧阿、侍衛阿齊圖等等語，爲此謹奏請旨。

　　議政大臣固山貝子都統臣蘇努。

　　議政大臣領侍衛內大臣公臣額倫岱。

　　議政大臣領侍衛內大臣公臣阿靈阿。

　　議政大臣領侍衛內大臣公臣海金。

　　大學士臣嵩祝。

　　議政大臣都統兼管先鋒大臣郎圖。

　　議政大臣兵部尚書臣孫澂灝。

　　硃批，依議。

[77] 理藩院奏請巴特瑪色布騰暫免來朝摺（康熙五十四年九月初一日）[1]-2677

　　理藩院謹奏，爲請旨事。

　　竊准駐西寧員外郎蘇金泰呈文內曰，接准青海左翼已故台吉墨爾根戴青〔註287〕之長子巴特瑪色布騰〔註288〕咨稱，本年九月我欲以自力赴京覲見聖主金顏等因，並其蒙文奏書呈送前來，是否准該台吉前往之處，俟部文至遵照施行，將其蒙文奏書一併呈送等語。台吉巴特瑪色布騰疏言，台吉巴特瑪色布騰跪奏文殊師利皇帝明下，我願以自力於大皇帝金明前効力，請准今年覲見，伏乞恩鑒等語。於康熙五十四年八月二十九日交付散秩大臣喇希〔註289〕

〔註287〕《蒙古世系》表三十六作額琳沁達什，顧實汗圖魯拜琥第二子鄂木布孫，父墨爾根台吉。

〔註288〕《蒙古世系》表三十六作巴特瑪色布騰，顧實汗圖魯拜琥第二子鄂木布曾孫，父額琳沁達什。

〔註289〕疑爲侍衛喇希，《欽定八旗通志》卷一八六作拉錫，有傳，曾與學士舒蘭往窮河源。

等轉奏。奉旨，著交部，欽此欽遵。查得先是青海已故台吉墨爾根戴青之妻奏請攜其幼子來朝，瞻仰聖主金顏，臣部以其子年幼不必前來，待長大親攜之來朝等因具奏，並已行文知會，而今青海左翼貝勒台吉等各已備兵，台吉巴特瑪色布騰現不必前來，俟軍事告結，可與其母及弟同來，命下之日移文員外郎蘇金泰，將此等情由，派人明白曉諭台吉巴特瑪色布騰可也，爲此謹奏請旨。

領侍衛內大臣兼理尙書事務公臣阿靈阿。

員外郎臣特古特。

主事臣鍾佛保〔註290〕。

硃批，依議。

[78] 江寧織造曹頫奏爲捐銀供軍前採買駱駝之用摺（康熙五十四年九月初一日）[2]-1884

江寧織造主事奴才曹頫跪奏，爲皇恩浩蕩，効力無從，情願捐貲少供軍需事。

切惟萬歲聖文神武，四海一家，雖昆蟲草木無不仰沾聖化，不意澤旺阿喇蒲坦蕆弱殘生，荷沐萬歲覆載洪恩，不思報德，輒敢狂逆，天兵所指，如風偃草，正其自取殄亡之日，切念奴才祖孫父子世沐主恩至深極重，自奴才父兄去世以來，又蒙萬歲天高地厚洪恩，矜全孤寡，保存身命，種種受恩之處，迥異尋常，今日奴才母子所有身家自頂至踵，皆蒙萬歲再造之賜，雖粉身碎骨難報萬一，奴才接閱邸抄知部議需用駱駝運送軍糧，老母泣諭奴才，以爲奴才等仰沐主恩豢養，足以過活，惟恨不能身親荷擔，爲國驅馳，情願捐銀三千兩，少供採買駱駝之用，略申螻蟻微誠，謹具摺奏聞，伏乞天恩賞收，奴才母子不勝激切頂戴之至。

康熙伍拾肆年玖月初壹日。

硃批，交部了。

[79] 兩廣總督趙弘燦奏爲捐備駱駝四十頭摺（康熙五十四年九月初四日）[2]-1886

總督廣東廣西兵部右侍郎都察院右副都御史降伍級留任奴才趙弘燦謹摺，爲奏聞事。

〔註290〕《平定準噶爾方略》卷一頁十一作主事衆佛保。

竊奴才一介庸愚，駑駘下質，闔門父子兄弟世受皇上高厚隆恩，毫無報稱，夙夜捫心寢食靡寧，茲者澤旺阿喇蒲坦以逋誅遺孽，將得喘息，皆由聖主寬宥洪恩之所致也，不思感戴圖報，輒敢無故侵犯哈密，致干天威，命將出師，正如摧枯拉朽，即可尅期蕩平，惟是奴才遠守封圻，不獲披堅執銳，効力前驅，下情益覺難安，今當大兵遠出，輓運爲先，現需駱駝以爲運糧之用，奴才家居寧夏，謹捐俻駱駝肆拾隻，聊佐輓運之萬一，庶奴才犬馬寸心藉此得以稍展矣，除一面差家人星往寧夏照數捐俻送交地方官收明應用外，理合奏聞，伏乞皇上睿鑒，爲此具摺專差家人藍國禎賚奏以聞。

康熙伍拾肆年玖月初肆日奴才趙弘燦跪書。

硃批，知道了。

[80] 議政大臣蘇努等奏請逃人處置辦法摺（康熙五十四年九月十九日）[1]-2683

議政大臣固山貝子都統臣蘇努等謹奏，爲請旨事。

據閒散大臣祁里德奏稱，康熙五十四年八月初三日厄魯特王策零妄布〔註291〕派伊屬名三金達西者來稟，我旗喇嘛伊西多爾濟及額爾德尼噶布楚之家人察干石寶二人，俱各配烏槍撒袋，帶塔爾巴宰桑之家女索諾布，於本月初一日脫逃等語。奴才立即咨文住各卡倫之侍衛官員，令各卡倫務妥善嚴加查拏，厄魯特王策零妄布亦派給伊屬西拉布達爾扎四人，遣往躧跡，跟蹤前往阿濟卡倫汛地時，途中三個人所乘之馬疲憊留後，西拉布達爾扎與另一人一起，於八月十日追至阿濟卡倫，告住卡倫副都統尼雅罕楚〔註292〕日，我旗喇嘛伊西多爾濟及察干石寶二人，帶我塔爾巴宰桑之家女索諾布，各持一支烏槍撒袋，經爾等卡倫之汛地、戈壁逃來，我跟蹤，我等之馬俱已疲憊，是以前來告知等語。據尼雅罕楚日，我等大臣之文書亦到，我於四路攔截，已派出侍衛官員，每員各帶八名甲兵，命佐領拉西、藍翎穆都虎由巴里坤、哈密路攔截，藍翎都勒車、於察哈爾兼管之厄魯特佐領盆蘇克由諾木路攔截，喀爾喀佐領巴圖由阿喇克淖爾路攔截，已遣佐領恩克哲庫、驍騎校阿玉錫追蹤逃人蹤跡，現西拉布達爾扎爾本人與我護軍校奔第，公同由厄德楞、色德楞路攔截，等因遣往。八月十一日喀爾喀佐領恩克哲庫等人於卡倫兩邊阿爾達西地方追拏時，逃人察干石寶，喇嘛伊西多爾濟當即迎射，由是喀爾喀佐

〔註291〕《平定準噶爾方略》卷一頁十四作厄魯特王策凌旺布。
〔註292〕《平定準噶爾方略》卷一頁十五有新滿洲侍衛尼牙韓楚，疑即此人。

領恩克哲庫、驍騎校阿玉錫帶領甲兵亦回射，驍騎校阿玉錫將喇嘛伊西多爾濟射倒，甲兵坎吉將察干石寶射倒拏獲，互射時，女索諾木亦被射中，將此等人拏獲，送至奴才處，於九月初一日到。奴才訊逃人伊西多爾濟、察干石寶、女索諾木等曰，爾等為何脫逃，脫逃後欲往何處，有鼓動爾等之人乎，爾等如何將此女帶走，務據實供之等語。喇嘛伊西多爾濟之傷重，不能言語。據察干石寶供曰，我是額爾德尼嘎布楚喇嘛之家人，我主子不憐憫我，施虐，不堪忍耐，此伊西多爾濟班第知我之苦，告我曰爾與其在此如此受苦，我等往尋青海，聞得青海地方甚佳，前往彼處度日等語。因邀我，我跟隨逃走是實，此女索諾木，塔爾巴宰桑之家人，我原認識，我二人偷二十六匹馬逃走時，路上遇此女，因怕伊返回後將我等前去方向告人來追，是以將伊帶走是實，並無另外緣由等語。訊女索諾木曰爾為何隨此等人逃走，惟爾一人乎，據實供之等語。據供我乃塔爾巴宰桑之家人鄂木布之女，八月初一日我去伯父家後，獨自回家時途中遇到此等人，伊等逼我曰隨我們走，不走殺爾等語。我是個女人，想喊彼處並無人居住，此等人將我捆在馬上，由無人之處強行將我帶走，我並非願意跟隨逃走，我父母現俱在，問我父親便知等語。帶女索諾木之父鄂木布訊曰爾女為何逃走，爾知否。據供我本不在家，我女去伊伯父家後，返回時被此等人遇見，如何帶走之處，我不知道，我回家後方知，況且我女已許配已故輝特公羅卜藏旗下名莫羅木者，我婿在我家已住數月，欲將我女接往伊家，已回家取牲畜，此間發生之事，誰能知道等語。奴才又刑訊察干石寶，由爾逃跑之方向看，朝策妄喇布坦處去是實，爾不能妄加巧供，推給班第伊西多爾濟，稱鼓動爾公同前往青海，彼處有爾認識知道之人乎，想去誰家等語。仍照前供回供，推給班第伊西多爾濟，奴才看得察干石寶等人向策妄喇布坦方向逃走是實，且妄加巧供，甚屬可惡。再鄂木布之女索諾布既並非情願跟隨逃跑，被強行帶走緣由是實，給還伊夫莫羅木。查得厄魯特王策零妄布屬旗先前脫逃之逃人拏獲後，於推河聚眾斬首，今逃人察干石寶、班第伊西多爾濟，或送往京城正法，或於推河斬首之處，非臣敢擅便之處，恭奏以聞，請旨等因。康熙五十四年九月十八日交乾清門藍翎喇錫具奏，奉旨交議政大臣，欽此欽遵。

臣等共同議覆，據閒散大臣祁里德奏稱，王策零妄布遣三金達西來稟，厄魯特王策零妄布旗下喇嘛伊西多爾濟、額爾德尼噶布楚之家人察干石寶各帶一支鳥槍撒袋，帶塔爾巴宰桑之家女索諾布脫逃等語，奴才立即咨文駐各卡倫之侍衛官員，各卡務妥善嚴查緝拏，佐領恩克哲庫、驍騎校阿玉錫在卡倫西部阿爾塔西追拏時，伊西多爾濟、察干石寶當即迎射，佐領恩克哲庫、驍騎校阿玉錫帶領甲兵回射時，驍騎校阿玉錫將班弟伊西多爾濟射倒，甲兵坎吉將察干石寶射倒，拏獲送來，經訊問脫逃緣由，班弟伊西多爾濟之傷重，不能言語，據察干石寶供曰我主子虐待我，班弟伊西多爾濟知道後邀我，我跟隨逃走，路上遇到女索諾木，我原來認識，因怕將我二人帶所偷之二十六匹馬逃往之方向告人來追，所以帶走等語。據女索諾布供曰我去我伯父家，返回時遇見此等人，強行將我帶走，我父母俱在等語。據索諾布之父鄂木布供曰將我女索諾布帶走時，我不在家，伊等如何強行帶走之處我不知道等語。察干石寶等往策妄喇布坦方向逃跑，甚屬可惡，查得先前拏獲厄魯特王策零妄布旗下脫逃之逃人後，於推河地方專門示眾斬首，今逃人察干石寶、班弟伊西多爾濟，或送京城正法或於推河斬首之處，奏請諭旨等語。查得定例載由邊界逃出，倘拏獲重懲，不分主副立即斬首，班弟伊西多爾濟與察干石寶公同起意，盜馬後出卡倫脫逃，且將好人之女強行帶走，緝拏時又抵抗，情由殊屬可惡，現既值備兵之際，即將班弟伊西多爾濟、察干石寶立即於軍前斬首可也，女索諾木既聲稱被伊西多爾濟等強行帶走，交伊父鄂木布可也，驍騎校阿玉錫將班弟伊西多爾濟射倒，甲兵坎吉將察干石寶射倒拏獲，既可嘉，賞驍騎校阿玉錫、甲兵坎吉緞各一疋，銀各十兩。佐領恩克折庫既率兵丁立即追趕逃人，賞恩克哲庫緞二疋。伊西多爾濟等脫逃時偷走之馬匹，由閒散大臣祁里德等查核後，給還被盜之頭目、主子可也。此所賞之緞銀由該部領出，交付順便前往之員帶去，交與閒散大臣祁里德，賞賜鼓勵可也等語，為此謹奏請旨。

　　議政大臣固山貝子都統臣蘇努。
　　議政大臣領侍衛內大臣侯臣巴渾岱。
　　議政大臣領侍衛內大臣公臣額倫岱。
　　議政大臣領侍衛內大臣公臣阿靈阿。
　　議政大臣領侍衛內大臣公臣海金。
　　大學士臣嵩祝。
　　議政大臣都統臣孫渣齊。
　　議政大臣都統管先鋒大臣臣郎圖。

議政大臣兵部尚書公臣孫澂灝。

議政大臣都察院左都御史臣揆敘。

硃批，依議。

[81] 議政大臣蘇努等奏土默特兵所需之籽種等事摺（康熙五十四年九月二十二日）[1]-2690

議政大臣固山貝子都統臣蘇努等謹奏，爲欽遵上諭事。

據公傅爾丹〔註293〕等奏稱，據議政大臣議覆，土默特會修田之千名兵丁前往耕田可也，種子犁杖犁鏡犁鏵等物，由該部採買交付歸化城地方，由土默特之千輛車裝運可也，帶去庫銀向喀爾喀扎薩克等人採買耕牛等語。奴才等議覆，千名兵丁分給三百具，每具定牛各四頭，每頭牛定爲五兩銀，計用牛一千二百頭，經算需銀六千兩，此六千兩銀由驛站馬六匹馱運，犁鏡犁鏵既俱由生鐵所鑄，是以每個犁杖各多備三個帶往，帶耙子一百把，鐮刀一千把，帶燕麥二百石黍子五十石小麥三百石青稞三百石粟子五十石大麥二百石做籽種，既有帶庫錢糧買牛隻，得糧後收糧貯藏及繕檔之事，是以帶戶部章京一員筆帖式一員，既有向蒙古曉諭法度，向扎薩克等採買牛隻，繕寫奏聞禾稼生發結穗，所收數目摺子等事，是以帶理藩院章京一員筆帖式一員，爲此謹奏請旨等因，康熙五十四年九月十九日交乾清門藍翎喇錫轉奏。本日奉旨，此稍多，交議政大臣議奏可也，欽此欽遵。問公傅爾丹等曰，據爾等奏稱籽種帶一千一百石，每具各配牛四頭等語，爾等按一千丁計算欲耕之田多少，籽種如何與此相合計算，一具配以四條牛之意究係如何等語。據告稱派我等耕田後，我等親自詢問修田之人，據稱一千人可配三百具，一具可開二十坰地，倘是小麥大麥青稞燕麥四樣籽種，一畝地按地方斗算需四升，倘係黍子粟子一畝地按地方斗算需一升等語，是以按一千人算欲種三百五十頃，按地計算欲帶籽種一千一百石，今籽種內減去小麥一百石青稞一百石，一具配四頭牛，我等帶耙子一百把，拉此耙子之牛不另議，即算入套此具之牛內，既係初開荒耕種，故每具配四頭牛，我等每個耙子原按各三頭牛計算，現每耙各配二頭，減一百頭牛。再議政大臣議覆土默特之一千兵丁由該旗每人給發馬各四匹，駕車之馬各一匹可也，途中食用之廩饌羊，一年食用之廩饌糧，豐厚捐給等語。此等兵丁既係耕田駐守，每口每月按喫倉斗一斗米計

〔註293〕《欽定八旗通志》卷三百十八作領侍衛內大臣公富爾丹，但常作傅爾丹。

算，一千人一年應帶廩餼糧一千二百石，兵丁每人一輛車載伊等駄運之草捆器械，本年之廩餼糧犁杖犁鏵等物倘又裝九百石籽種，似路遠車輛不敷用等語。查得先前議政大臣議覆，於蘇勒圖、哈喇烏蘇等地耕田時由土默特二旗揀派漢仗好會耕田者一千名可也，此等兵丁既係倘有行走之事，即立即行動現成之兵丁，是以扎薩克等給發每人撒袋鳥槍，豐厚捐給乘馬各四匹，馬拉車各一輛，途中食用之廩餼羊，一年食用之廩餼糧可也，所種之小麥大麥燕麥粟子黍子青稞等種子，耕田之犁杖犁鏵犁鏡等物按千人使用，由該部採買，送往歸化城，交付前去之大臣，由土默特車輛裝運帶往可也。耕田牛隻由前往之大臣帶去庫銀，向喀爾喀扎薩克等人採買使用等因，具奏施行在案。今公傅爾丹等既稱按一千人所耕之田，擬帶去籽種地斗一千一百石，今籽種內小麥減一百石，青稞減一百石，一百個耙子，每個耙子原配各三頭牛，今每個耙子各配二頭牛，既擬減一百頭牛等語，即照伊等所減之數帶去可也，擬帶買牛之銀，駄運之馬，多予備帶去之犁鏡犁鏵，章京筆帖式之處，俱照伊等所奏，帶去可也，土默特之一千輛車已裝兵丁駄運之草捆器械，一年食用之廩餼糧，耕田所用之犁杖犁鏵等物，倘又裝籽種，路遠車輛不敷用，既然如此，派部衙門堂官一員，帶庫銀前往，倘此等帶去之物品土默特之一千輛車裝納不下，車輛不敷用，歸化城週圍居住之人既有前往喀爾喀地方貿易使用之車輛，由前去之大臣酌量敷用租車，看視起程可也，為此謹奏請旨等因，於康熙五十四年九月二十一日交乾清門藍翎喇錫轉奏。奉旨，路遠，何必拉去如許物品，減少者是，伊等理合自己出力協濟，再各地籽種有異，由此地拉運籽種，倘種地不成，又何必，已議青稞，青稞口外沒有，我等內地有，伊等俱不知此，著議政大臣將所帶籽種復議具奏，餘俱依議，欽此欽遵。

　　臣等公同議覆，據公傅爾丹等原稱耕田所用籽種，由該部採買，送往歸化城可也等語，今奉旨，各地籽種有異，由此地拉運籽種，倘種地不成，又何必等因，甚是，既然如此，公傅爾丹等耕田時所用之九百石籽種，停止由該部採買送去，歸化城週圍之人既然俱耕田，即由歸化城週圍地方採買帶去可也，青稞外面得不到，由內務府領二十石可也，黍子帶去百石種之，此等採買之籽種事，亦交付前往辦理車輛之員帶去庫銀，會同公傅爾丹等採買後裝車，看視起程可也等語，為此謹奏請旨。

　　議政大臣固山貝子都統臣蘇努。

議政大臣領侍衛內大臣侯臣巴渾岱。

議政大臣領侍衛內大臣公臣額倫岱。

議政大臣領侍衛內大臣公臣阿靈阿。

議政大臣領侍衛內大臣公臣海金。

大學士臣嵩祝。

議政大臣都統臣孫渣齊。

議政大臣都統管先鋒大臣臣郎圖。

議政大臣兵部尚書公臣孫澂灝。

議政大臣都察院左都御史臣揆敘。

硃批，依議。

[82] 議政大臣蘇努等報呼畢勒罕等情摺（康熙五十四年九月二十六日）
[1]-2693

臣等公同議覆，據侍衛阿齊圖等奏稱，奴才等前往會盟之地時據青海左翼貝勒阿拉布坦鄂木布〔註294〕、台吉蘇爾扎、右翼貝勒色布騰扎爾、盆蘇克旺扎爾〔註295〕、台吉達彥〔註296〕等遣員來稟，先前於會盟之地，我等五人因極力規勸我等眾兄弟，應遵聖主之旨，將此呼畢勒罕〔註297〕送往口內，是以貝勒戴青和碩齊察干丹津〔註298〕等以我等與伊等意向不和，視如讐敵，以其勢觀之，此呼畢勒罕斷難送往口內，我等之意，除遵聖主之旨外，別無它言，是以遣員以我等身病爲辭，告知停止前往，八月二十九日於會盟之薩喇圖地方，眾台吉齊集後，奴才等詳諭貝勒察干丹津等曰，奉聖主之旨，宗喀巴之廟亦屬內地，距西寧近，察干丹津等既請求將此呼畢勒罕駐宗喀巴廟，即照

〔註294〕 顧實汗圖魯拜琥長子達顏鄂齊爾汗孫，《蒙古世系》表三十八失載。《如意寶樹史》頁七九〇後表一載其父羅布藏彭措貝勒，其名博碩特拉布坦旺波。

〔註295〕 《蒙古世系》表三十七作朋素克旺札勒，顧實汗圖魯拜琥第六子多爾濟曾孫，父額爾克巴勒珠爾，祖策旺喇布坦。

〔註296〕 《蒙古世系》表三十七作達顏，顧實汗圖魯拜琥第六子多爾濟之孫，父薩楚墨爾根台吉。

〔註297〕 指七世達賴喇嘛羅布藏噶勒藏佳木磋。

〔註298〕 原文作貝勒戴青和顧碩察干丹津，今改正爲貝勒戴青和碩齊察干丹津。《蒙古世系》表三十九作察罕丹津，顧實汗圖魯拜琥第五子伊勒都齊之孫，其父博碩克濟農。《欽定西域同文志》卷十七頁五作戴青和碩齊察罕丹津，戴青和碩齊爲其號，察罕丹津爲其名，史籍有以名稱者，有以號稱者，或號與名全稱者，實爲一人。

伊等所請，送往宗喀巴廟暫駐可也，欽此，各等情後。據貝勒察干丹津等會議後告曰，聖主鴻慈，既降旨准照我等所請行，命呼畢勒罕駐宗喀巴廟，本應立即送宗喀巴廟，聞得口內宗喀巴廟週圍有出痘之事，患汗病之人甚多，照看二三月後，俟患病出痘期間過後再送等語，託辭固執，奴才等於會盟之地，據理竭盡曉諭所有台吉六日，然察干台吉〔註299〕等仍以此呼畢勒罕本年無前往之造化等因推託，奴才等生氣窮詰時伊等被逼無言以對，總指自己發誓曰，我等無異心，豈敢違背主子諭旨，妄加滋事生亂，我等倘有此意，三寶佛、天神殺我等可也等語。觀此情形此呼畢勒罕暫不送口內之意已定，奴才等於所有台吉齊集之地言於察干丹津曰，此呼畢勒罕倘不內遣留於爾等之地，爾等能奉伊爲達賴喇嘛乎，佔據巴爾喀木租稅後，可憑威力將伊送布達拉乎，有將伊送策妄喇布坦處之念乎，今夫班禪奏稱此呼畢勒罕爲僞，而現坐牀之呼畢勒罕爲眞等語，所奏鈐印之文甚顯明，爾等俱已親見，今此呼畢勒罕前往師父喇嘛宗喀巴廟之處，竟作難推諉，由是觀之，勿庸贅言，顯係有僞矣，倘如此，係爾等專欲滋事，隨意帶一名唐古特男童迷惑衆人行亂矣，今爾等違旨不遣送，破壞爾等內部和好，倘生爭伐之事，俟所有之處滋亂之時，雖奏請聖主，主子概不理會，彼時爾等悔之無及，甚屬非是矣，班禪奏稱此呼畢勒罕爲僞，倘爾等謂此呼畢勒罕爲眞，則我等可謂無達賴喇嘛乎，左翼台吉亦有達賴喇嘛之呼畢勒罕，策妄喇布坦又出達賴喇嘛之呼畢勒罕，倘如此我等亦爲各自之達賴喇嘛拼力爭搶乎〔註300〕，今爾等倘總藉故推託，不遣此假呼畢勒罕，我等亦不接受，惟留於爾處而已，倘誰欲帶往何處，送此處彼處，指望呼畢勒罕滋事，斷然不可，此事左翼台吉亦知悉爲好等語。斷言後，置之返回前來，奴才等看得察干丹津雖無敢與聖主抵忤之意，惟因與拉藏不睦，伊本人、子弟、族人佔伊等一半，各種托詞窮盡，又以呼畢勒罕爲托詞者，蓋因將此呼畢勒罕西送，可圖拉藏汗，期以互援，不可謂未與策妄喇布坦商議。現我大軍於巴里坤等地佔據要隘駐紮，策妄喇布坦之人不准過來，是以造作種種托詞，拖延日久，未將呼畢勒罕內送者概源於此，此呼畢勒罕未送口內，因甚懼聖主詰責治罪，是以遣派已故王扎西巴圖爾之子羅

〔註299〕《蒙古世系》表三十九作察罕丹津，顧實汗圖魯拜琥第五子伊勒都齊之孫，其父博碩克濟農。《欽定西域同文志》卷十七頁五作戴青和碩齊察罕丹津，戴青和碩齊爲其號，察罕丹津爲其名，史籍有以名稱者，有以號稱者，或號與名全稱者，實爲一人。

〔註300〕原文作爭搶看，今改爲爭搶乎。

布藏丹津〔註301〕、台吉巴爾楚爾阿喇布坦〔註302〕、格勒克〔註303〕等，解釋具奏伊等緣由，以示伊等無異念，奴才等愚以為，現正值軍機之際，將此呼畢勒罕暫留青海地方，俟策妄喇布坦敗亡事定之時此呼畢勒罕自然送來，且凡青海之大小事辦理之時極易完竣等語。查得去年貝勒戴青和碩齊察干丹津等具奏理塘地方出個達賴喇嘛之呼畢勒罕之處後，聖主洞鑒，以倘將伊留於青海地方，恐日後伊等兄弟內互相反目，肇生爭戰等因，是以曾派侍衛阿齊圖等人前往迎接，續戴青和碩齊察干丹津等奏稱，欲派員往問班禪關於呼畢勒罕之緣由時主子以為呼畢勒罕之事小，恐伊等兄弟內反目生釁，故將班禪奏稱此小呼畢勒罕有偽鈐印文書，命讀給眾人，令有所聞，遂降旨派出主事宗佛保〔註304〕，諭以倘伊等遣呼畢勒罕，則帶來，料理住之可也，倘不遣，則斷然申明爾等此呼畢勒罕即假呼畢勒罕矣等語，置之返回前來可也等因，經曉諭貝勒察干丹津等，伊等不能作答，甚為窮竭，因奏請將呼畢勒罕料理住宗喀巴廟，是以主子降旨，准照伊等所請住宗喀巴廟，而今察干丹津等又悔言，造作種種藉口，聲言小呼畢勒罕本年無前往之造化，擬來年秋季前往等語，由此觀之此係因策妄喇布坦、察干丹津等互派使臣所致，與達賴喇嘛之呼畢勒罕並無干係，主子原為伊等兄弟內和好度日，今貝勒察干丹津等並不明白此等緣由，反而以呼畢勒罕為由造作托詞，拒不遣給，侍衛阿齊圖等知悉後，即照聖主子先訓諭所降之旨，嚴加開導眾人後，置之返回前來甚是，現聖主已命巴里坤一路，阿勒泰一路預備大軍，明年派遣大軍，既估料策妄喇布坦之事必成，俟策妄喇布坦之事定時或許呼畢勒罕之事、青海諸事俱可定準，既然如此，咨文侍衛阿齊圖等，此間佯作不知，仍取信可也。又奏稱策妄喇布坦所派之達克巴喇嘛，此間起程與否之處並無實信，雖返回，不走噶斯路，必奔西招方向，嗣後聞訊後，另行具奏。再貝勒戴青和碩齊察干丹津等，命衛徵台吉等率百餘人擬專門降服巴爾喀木地方之唐古特人，將現所給達賴喇嘛之貢收繳，此間得訊後，另行具奏等語。查得侍衛阿齊圖等既稱，俟得策妄喇布坦所派達克巴喇嘛之訊，察干丹津等所派衛徵台吉等之訊時另行具奏，無庸另議，為此謹奏請旨。

〔註301〕《蒙古世系》表三十七作羅卜藏丹津，顧實汗圖魯拜琥幼子即第十子達什巴圖爾之子。

〔註302〕屬準噶爾部遊牧青海者，郡王察罕丹津之婿，《蒙古世系》表四十三作阿喇布坦，父納木奇札木禪，祖卓哩克圖和碩齊，曾祖巴圖爾渾台吉。

〔註303〕親王羅卜藏丹津之父達什巴圖爾養子，又娶妻達什巴圖爾之女阿寶。

〔註304〕《平定準噶爾方略》卷一頁十一作主事眾佛保。

議政大臣固山貝子都統臣蘇努。

議政大臣領侍衛內大臣侯臣巴渾岱。

議政大臣領侍衛內大臣公臣額倫岱。

議政大臣領侍衛內大臣公臣阿靈阿。

議政大臣領侍衛內大臣公臣海金。

大學士臣嵩祝。

議政大臣都統臣孫渣齊。

議政大臣都統管先鋒大臣臣郎圖。

議政大臣兵部尚書公臣孫澂灝。

議政大臣都察院左都御史臣揆敘。

硃批，依議。

[83] 議政大臣蘇努等奏請西藏青海紛爭四川提督等應預備摺（康熙五十四年十月初五日）[1]-2694

議政大臣固山貝子都統臣蘇努等謹奏，為欽遵上諭事。

據理藩院為此事議覆，據管理打箭爐地方事務稅務喇嘛羅卜藏董羅布格隆等咨呈文內開，康熙五十四年八月二十四日據理塘台吉額爾克濟儂、達爾扎和碩齊半夜派伊等屬下羅布藏、噶爾張二人送來之文內稱，據青海人言，理塘之呼圖克圖〔註305〕去年已被帶到青海，現已認作六世達賴喇嘛等語。八月十七日青海貝勒戴青和碩齊察罕丹津之子扎郎阿扎西盆蘇克〔註306〕本人率德爾格特、崔木塔爾、德松三處千餘兵丁向我理塘前來，我等派四人探信，一人被殺三人被拏，我等現已移至唐格爾寨，我等藏地達賴喇嘛〔註307〕、班禪呼圖克圖、拉藏汗，我等黃教俱仰賴聖主厚恩生活，今青海之兵前來，兵力強盛，我等不敵，倘大臣憐憫，請作速派員救援我等，倘不派人，我等無奈，必與伊等對抗交戰等語。是以我等告額爾克濟儂等日，倘無部文不得私自派員，爾等此等緣由，我等立即報部等語。給發來人覆文後遣回，再已咨文知會四川巡撫年羹堯、提督康泰〔註308〕、華林坪副將趙洪吉〔註309〕，我等

〔註305〕指七世達賴喇嘛羅布藏噶勒藏佳木磋。

〔註306〕察罕丹津僅有一子，《蒙古世系》表三十八作惇多布旺札勒，此處作察罕丹津之子，待考。

〔註307〕指為拉藏汗所立且為清廷冊封之六世達賴喇嘛阿旺伊西佳木磋。

〔註308〕《平定準噶爾方略》卷三頁七作四川提督康泰。

〔註309〕《平定準噶爾方略》卷五頁六作化林協副將趙弘基。

除一面派人取實信後另行報聞外，爲此咨呈知會等語。該文於康熙五十四年十月初二日交乾清門藍翎喇錫轉奏。奉旨，交部，欽此欽遵。

臣等議覆，據管理打箭爐地方事務稅務喇嘛羅卜藏董羅布格隆等咨呈文內開，據理塘台吉額爾克濟儂、達爾扎和碩齊遣員送來之文內開，聞理塘之呼圖克圖已被帶往青海，現已認作六世達賴喇嘛，戴青和碩齊察干丹津之子扎郎阿扎西盆蘇克本人率德爾格特、崔木塔爾、德松三處千餘兵丁，向我理塘前來，我等派四人取信，一人被殺三人被抓，我藏地達賴喇嘛、班禪呼圖克圖、拉藏汗，我等黃教俱仰賴聖主厚恩生活，今青海之兵前來，兵力強盛，我等不敵，倘大臣憐憫，請作速派員救援我等，倘不派人，我等無奈必與伊等對抗交戰等語。是以我等告額爾克濟儂等曰倘無部文，不得私自派員，爾等此等緣由，我等立即報部等語，給發來人覆文後遣回，再已咨文知會四川巡撫年羹堯、提督康泰、華林坪副將趙洪吉，我等除一面派人取實信後另行報聞外，爲此咨呈知會等語。查得去年青海貝勒戴青和碩齊察干丹津因伊屬之郭羅特部人拒不交貢，曾報聞前往用兵，將此具奏時奉旨，戴青和碩齊征伐伊屬郭羅特，與我等無干，恐打箭爐之喇嘛官員不知，亂管妄行，將此作速緊急咨文我喇嘛官員，欽此欽遵，業經咨文在案。又查得先前據住打箭爐之喇嘛羅卜藏董羅布格隆等及住理塘之達爾扎和碩齊等報稱，達彥台吉所屬之瓦蘇、昌達爾地方之兩夥人，攔路搶劫藏商，理塘地方之人，馬被掠百餘匹，故額爾克濟儂等欲用兵等語。

臣等部將此議後，業經咨文稱，伊等內部互相用兵，與我等無干，喇嘛、官員知此後，告策凌袞布，務妥善防守地方，勿妄管瓦蘇、昌達爾人等語。既如此勿庸另議，咨文喇嘛羅卜藏董羅布格隆等，將額爾克濟儂等用兵情形查明取信報來等因，經具奏，業經咨文在案。頃接侍衛阿齊圖等報稱，已故王扎西巴圖爾之妻福晉阿勒泰、貝勒戴青和碩齊察干丹津，因住巴爾喀木地方之達爾扎和碩齊、根頓二人不准原先給伊等進貢之唐古特人給伊等進貢，又將駐該地催貢之一人拏獲殺害，是以遣衛徵台吉、達西盆蘇克率百餘人往問緣由等語。此係伊等內部爲徵貢之事爭鬥，既與我等無干，擬將此咨文住打箭爐喇嘛羅卜藏董羅布格隆等，妥善防守地方，將此事明白取信稟報可也，爲此謹奏請旨等因，康熙五十四年十月初四日交乾清門藍翎喇錫具奏，奉旨，此議不足，交議政大臣復議，以爭伊之納貢番子爲辭，侵擾我屬番子之處，不可料定，將此嚴加咨文該地方提督總兵，倘有應行動之處，立即行動可也，不可不痛擊，欽此欽遵。

　　臣等公同議覆，據管理打箭爐地方事務稅務喇嘛羅卜藏董羅布格隆等呈稱，據理塘台吉額爾克濟儂、達爾扎和碩齊遣人送來之文內稱，聞理塘之呼圖克圖已被帶往青海，現已認作六世達賴喇嘛等語，戴青和碩齊察干丹津之子扎郎阿扎西盆蘇克本人率德爾格特、崔木塔爾、德松三處千餘兵丁向我理塘前來，我等派四人取信，一人被殺三人被拏，我等藏地達賴喇嘛、班襌呼圖克圖、拉藏汗，我等黃教俱仰賴聖主厚恩度日，今青海之兵前來，兵力強盛，我等不敵，倘大臣憐憫，請作速派員救援我等，倘不派人，我等無奈必與伊等交戰等語。我等咨覆額爾克濟儂等曰，倘無部文不得私自派員，爾等此等緣由，我等立即報部等語後遣回，除已咨文知會四川巡撫年羹堯外，擬一面派人查實取信另行報聞等語。查得頃接侍衛阿齊圖等報稱，已故王扎西巴圖爾之妻福晉阿勒泰、見勒戴青和碩齊察干丹津，因住巴爾喀木地方之達爾扎和碩齊、根頓二人不准原先給伊等進貢之唐古特人給伊等進貢，又將駐該地催貢之一人拏獲殺害，是以遣衛徵台吉、達西盆蘇克等人率百餘人往問緣由等語。此俱係伊等內部互爭，向番子徵貢之事，雖與我等無干，然以爭伊等徵貢番子爲辭，伊擾我等番子之處，不可料定，既然如此，將此緊急咨文四川提督總兵官等，酌情預備官兵，倘有紛爭，侵擾我等番子，提督總兵官等酌情行動可也，咨文駐打箭爐之喇嘛羅卜藏董羅布格隆等，仍不斷明白取信報來可也等語，爲此謹奏請旨。

　　議政大臣固山貝子都統臣蘇努。

　　議政大臣領侍衛內大臣侯臣巴渾岱。

　　議政大臣領侍衛內大臣公臣額倫岱。

　　議政大臣領侍衛內大臣公臣阿靈阿。

　　議政大臣領侍衛內大臣公臣海金。

　　大學士臣嵩祝。

　　議政大臣都統臣孫渣齊。

　　議政大臣都統兼管先鋒大臣臣郎圖。

　　議政大臣兵部尙書公臣孫澂激灝。

　　議政大臣都察院左都御史臣揆敘。

[84] 貴州巡撫劉蔭樞奏請今年暫停征討澤旺阿喇蒲坦摺（康熙五十四年十月初七日）[2]-1902

　　貴州巡撫都察院右副都御史加三級臣劉蔭樞謹奏。

臣老儒生，寡交游，身處萬里之外，毫無見聞，何敢妄言，然愚者千慮亦有一得，豈敢默而不言，竊謂澤旺阿喇蒲坦小醜也，侵犯哈密小警也，不過邊將之事，略加俙禦而已，皇上大震兵威，四路合圍，臣愚不知兵計，竊揣聖心，當此四海効順，萬方攸同之世，尚有一夫不逞，抗我聲教，財富兵強，一舉而殲滅之，摧枯拉朽耳，畏威懷德，一勞永逸，廟算深微，超越千古，臣嘗觀之天道矣，盛滿之時常爲謙退，堯舜禹湯皆有優容含忍之處，不徑行直遂，詩書可考，今歲直隸河南大水，陝西平慶一帶數年無收，西鳳今年五六月無雨，秋禾未獲全種，除大兵而外，運送安塘捐納人等無慮千萬，食從何辦，草從何出，臣閱邸抄，見上諭令運送馬騾暫回內地餧養，仰見皇上聖明，動合機宜〔註310〕，從容慎重之意，從古軍國大事，必有股肱心膂三五人共謀同濟，今內外文武臣工請纓効用，助濟軍需者有人，皆助皇上之雄風，無一人一言勸皇上弘覆載之量，平氣息怒者，臣以爲威已振矣，勢已張矣，彈丸小醜自知震懼，從容化誨，使其歸向，深入之兵量留若干名於要地，餘撤歸糧草便易之處，分屯四五處所，駐箚應援以省饋送之勞，俟明歲四月已後，水草茂盛，再啚進止，亦息力養銳之一道也，臣受非常高厚，年老昏昧，無可圖報，冒死一言，不敢令一人聞知，惟皇上俯察可否，密而勿發，乾斷施行，至臣狂妄之罪，望加曲宥，爲此具摺奏聞。

康熙伍拾肆年拾月初柒日具。

硃批，已有旨了，此摺知道了。

[85] 福建巡撫滿保奏報運送軍械日期並冬收分數海面遭大風摺（康熙五十四年十月十五日）[1]-2702

福建巡撫奴才覺羅滿保謹奏，爲奏聞事。

竊照十月十三日奴才家人賫奏摺回，奴才跪奉開閱，爲進槍支藤牌之奏摺內奉硃批，槍不需要，藤牌挑刀仍用，二三月左右送至爲好，欽此欽遵。現挑選藤牌挑刀預備齊全，於十二月遣派官員遵旨於來年二月送至京城外，爲此謹先行奏聞。

再查福建地方多稻情形，上游之延平建寧邵武汀州等地，自本年十月十日始皆割完，有九分十分收成，米價八錢九錢一兩不等，下游之福州興化泉州漳州等地，田禾皆垂熟，有九分八分不等，於十月二十日開割，米價一兩

〔註310〕原文作動合機，今改正爲動合機宜。

一二錢不等。臺灣地方本年田禾甚好，米價不過九錢，各地百姓皆沐聖主洪恩樂享太平，安分守己，地方無何大事，唯九月十五日海上忽然刮起大風，並降大雨，一日一夜方纔停止，遂令查各地陸路民房田禾皆無恙，唯海上行船業已毀壞，閩安縣三隻兵船皆被風飄搖爲石撞毀，其中守備一人把總一人及七十餘兵盡被水而死，峰火營兵船一隻、海譚兵船一隻亦被風摔毀，一名千總及二十餘兵被淹身亡，官兵被水身死甚屬可憐，奴才會同總督范時崇立即查明全賞撫恤銀兩，現一面繕本由總督奏報外，行文各地，令凡被風所毀之商船漁船由各地周濟照料，以使有倚靠，爲此一併謹具奏聞。

硃批，知道了。

[86] 湖廣總督額倫特謝恩摺（康熙五十四年十月十八日）[1]-2703

奴才額倫特謹奏，爲叩謝天恩事。

奴才家人固爾岱前往摺奏時聖主施天恩賞鹿肉三十二把，伊賚捧於康熙五十四年十月十六日返回前來，奴才出城跪迎至署，恭設香案，叩謝天恩祗領訖，奴才荷蒙聖主養育之恩，未效涓埃之力，而疊施格外隆恩，主子昨賞《御製周易折中》一書，此次又賞鹿肉乾，奴才何人斯，頻邀恩寵，實粉身碎骨亦難報於萬一，是以奴才惟益加潔己，竭盡愚誠，勤奮効力，奴才無任披誠感激之至，叩謝天恩，謹奏。

湖廣總督奴才額倫特。

硃批，知道了，派爾前赴山西審罪，作速前往，務忠實審之，勿挾私而行，形單勿懼。

[87] 吏部尚書富寧安奏聞暫借錢糧給發滿洲官兵等情摺（康熙五十四年十月二十五日）[1]-2705

奴才富寧安謹奏，爲奏聞事。

奴才等率兵由甘州啟程時帶一個月羊兩個月糧，做爲三個月廩餼，抵巴里坤後巡撫綽奇等雖報稱，自十月初一日起應陸續給發滿洲官兵之糧，俱已陸續〔註311〕起運等因，然至九月二十日前後仍無糧到之訊，據運糧之知縣佟時倫報稱，運糧之牲畜倒斃，糧不能於限期內運到等因，經席柱與奴才兩人商議，糧雖於期限內不能運到，逾期，現仍將大軍駐紮於敵近處，因關係重大，主子付託之重任尚寸長未成，即耽延軍糧不可不參奏，雖已將運糧官員

〔註311〕原文作了陸續，今改正爲陸續。

治罪，然於主子之事亦毫無裨益，不可不予爲籌度，是以商定既然現有予備供應回子額敏一直到來年食用之米小麥，糧運到前暫可運來給發，糧到後再償還，九月二十二日已將蒙古衙門主事石仲〔註312〕派往哈密，本日部文到，奉旨將奴才派至肅州辦理軍糧錢糧事務，奴才於二十三日起程，抵哈密後會晤額敏，據額敏曰我乃末等小回子，自我祖、父以來，世受主子之恩甚重，大軍已前來我處，小麥麵皆有，可給發六百石，償還豈敢受之等語。奴才告伊曰，爾言雖是，然爾哈密地方因被策妄喇布坦搶掠，恐爾等回子拮据，主子垂憐賞給米穀羊牛施恩，今我等拿爾之麵，倘不償還，主子聞知後我等不能承擔，我等之糧陸續到，到後立即還爾等語後，額敏方允償還。奴才即派石仲往告席柱，到應給發兵丁之糧之日後，取麵給發，糧到後倘用多少，取麵照數償還等語。奴才沿途凡遇見，即加緊催促，計算路程，嚴命限期抵達，另路前往者，亦嚴加咨文，據報首批糧於十月初九日俱已運抵巴里坤，奴才於肅州遣員，命將赴各地採買運到之駝隻與地方官員捐出之駝隻聚合一處，將因無法運送而沿途留下之糧調運，作速運抵各等情，俱行交付，已令陸續起程，除現應運送之糧及來年進剿大軍挽運、隨帶之糧運輸事及採買駝隻，租推車等事，一一議後另摺具奏外，將奴才等由額敏處取麵撥給之處具摺恭奏以聞。

　　硃批，知道了。

[88] 吏部尚書富寧安奏新辦軍糧前兩事務請訓旨摺（康熙五十四年十月二十五日）[1]-2706

　　奴才富寧安謹奏，爲請訓旨事。

　　奴才父子受主子之恩甚重甚深，奴才自幼受主子養育，陸續任用拔擢不稱之職，奴才庸懦不及，職任緊要，然不善其事，故日夜悚懼，不善職任，耽延遲誤之處甚多，俱蒙主子寬免之恩，延捱至今，此次兵興主子派遣奴才，恰與奴才本意相合，實得効力之機，每念此歡忻不已，今奉旨著奴才前來肅州統辦軍糧錢糧事務，奴才欲陳奏不善職任緣由，然又不敢奏，奴才不及，而此等大事未曾經歷，軍糧錢糧事務既甚重要，伏乞主子指教，欽遵而行，爲此謹奏，請主子訓諭指示。

〔註312〕《康熙朝漢文硃批奏摺彙編》第二二六八號文檔《甘肅提督師懿德奏報主事石鍾在軍中狂妄乖張摺》於此人寫作石鍾，兵部吏部禮部尚書席爾達之子。

硃批，由此處趕訓難，惟軍機甚爲緊要，凡事俱於敵之前知悉，截擊方不失機，此事亦應寄信席柱、師懿德，倘有軍事訊息爾即緊急前往，倘具奏後候旨，恐耽誤時機。

[89] 陝西巡撫噶什圖奏欲親率兵於軍前効力摺（康熙五十四年十月二十五日）[1]-2707

陝西巡撫奴才噶什圖謹奏，爲請主子之旨事。

奴才甚微賤，荷蒙主子鴻恩，陸續拔至巡撫，奴才原本粗陋不及，歷事甚淺，因難勝任巡撫之任，憂心甚重，主子憐憫，又降旨訓誨，奴才何等之人，竟蒙主子屢加特擢，奴才每念及此，雖化爲齏粉，亦難報効，今策妄喇布坦不念主子好，養育包容之恩，反而來侵哈密，此將爲尋死耳，今奴才雖爲文職，然原爲武員，奴才既前來軍前辦事，除仍協理軍糧事務外，俟大軍進發之時奴才擬從標下步騎兵丁內精選四百，親自率領，於軍前効力，伏乞主子惠愛，指示後遵行，爲此謹奏請旨。

奴才親書。

硃批，兵丁之錢糧米穀甚要，爾不可去。

[90] 議政大臣蘇努等奏請另派大臣替費揚古統領大軍摺（康熙五十四年）[1]-2725

議政大臣固山貝子都統臣蘇努等謹奏，爲欽奉上諭事。

據將軍費揚古奏稱，奴才原爲末等宗室，屢蒙聖主任用擢將軍之任，五十一年正月二十七日又施格外之恩，授輔國公，正思慮此等高厚之恩如何報効間，逢此次用兵，奴才欲盡力効勞以報効於萬一，不意七月二十五日突然受寒，左半身麻木，手腳不能動，奴才竊思軍事所關甚爲重要，倘奴才以病軀料理，深恐疏漏耽延，伏乞主子交付別人料理，奴才仍願隨軍養病，仰賴主子之福倘若痊癒，竭盡身命効力，爲此恭奏以聞，康熙五十四年八月十六日由奏事員外郎雙全等將此奏聞時奉旨，著交付議政大臣議奏可也，欽此欽遵。

臣等公同議覆，據將軍費揚古奏稱，奴才原爲末等宗室，屢蒙聖主任用，擢將軍之任，又施格外之恩授輔國公，逢此次用兵，奴才欲盡力効勞，以期報効於萬一，不意突然受寒，左半身麻木，手腳不能動，奴才竊思軍事所關甚爲重要，倘奴才以病軀料理，深恐疏漏耽延，伏乞主子交付別人料理，奴才仍願隨軍養病，仰賴主子之福倘若痊癒，竭盡身命効力等語。查得大軍現已進駐布賴特，將軍之事甚爲重要，現將軍費揚古患病半身不能動，祈請交付別人料理，請另派大臣一員，馳驛緊急遣往，與閒散大臣祁里德公同料理軍事，於康熙五十四年八月十六日具奏之時，於將軍所奏原摺上奉硃批，朕思數日，爾奏是，現右衛地方亦重要，爾帶右衛將軍之任，慢慢前來右衛，今年既不進兵，此間遣派我將軍大臣之時所有兵丁俱交付閒散大臣祁里德，喀喇沁塔布囊額駙格勒爾〔註313〕，黑龍江副都統白濟，右衛副都統齊格統一料理，由此處遣派之將軍，擬另行給印，欽此。本月二十日命議政大臣入，面奉諭旨，現已派出都統穆賽馳驛前往，統領兵丁可也，俟進兵之時另派大將軍，給印遣往，欽此。

硃批，是。

[91] 原任古北口提督馬進良奏請聖安並報捐助駱駝三十頭摺（康熙五十四年十月二十六日）[2]-1916

原任直隸古北口提督臣馬進良謹奏摺，爲奏請聖安併謝天恩事。

竊臣以西鄙武夫，至愚極陋，仰荷皇恩簡任總兵，加授提督，貳拾年來畿輔重任，得免隕越，悉仰我皇上訓誨教養之恩，復荷聖慈，憫臣衰愚，將臣子馬龍簡任臣標中軍參將，父子受恩天高地厚，雖捐糜頂踵難報萬一，祇因老病乞休，荷蒙溫旨褒獎，賞賚頻加，自古人臣遭遇之隆未有若臣之盛者也，臣得錦衣還鄉，榮生梓里，日與田夫野老含哺鼓腹，優游於堯天舜日之下者皆我聖主之賜也，但犬馬餘生，身既歸里而報主之心未敢少忘，今臣子馬龍奏請隨師効力，謬陳管見，陳請捐購駱駝以資挽運，蒙恩不棄葑菲，准允施行，繼臣未盡之志，以報君父之恩，第思進剿之日臣告老家居，不能執戈前驅，立殲醜逆，撫心實覺有愧，爰購覓駱駝叁拾隻，情願捐助，少盡報効之忱，差家人交送監收駱駝戶部郎中常明〔註314〕查收外，伏念臣父子庸愚，並無寸効，蒙恩畀以重任，豢養多年，犬馬之悃，晝夜靡寧，茲臣子馬龍奏請隨師，即蒙俞旨，臣聞命之下感激涕零，謹遣家人馬祥匍匐齎摺，恭請聖安併謝天恩，伏祈睿鑒，臣不勝瞻仰依戀之至，謹具奏謝以聞。

康熙伍拾肆年拾月貳拾陸日原任直隸古北口提督臣馬進良。

硃批，朕安，奏摺知道了，卿在林泉養老，想是甚好，近日何似。

〔註313〕《平定準噶爾方略》卷二頁三十二作喀喇沁塔布囊額駙格勒爾。
〔註314〕《平定準噶爾方略》卷一頁二作郎中常明。

[92] 陝甘提督師懿德奏報官兵已到巴兒庫兒〔註315〕安營摺（康熙五十四年十一月初十日）[2]-1937

提督陝西甘肅等處地方總兵官帶降貳級留任戴罪圖功奴才師懿德謹奏〔註316〕。

竊奴才遵奉俞旨，統領官兵自到巴兒庫兒安營兩月有餘，仰賴主子威福，官兵均獲平安，所有食糧亦依次接濟，近又奉調尚書富寧安進關督理軍需後繼轉運，官兵歡祝，咸頂戴皇恩於無既也，然奴才在外而犬馬依戀之私，縈縈莫已，恭繕奏摺差家人甘國祚齎捧，恭請聖安，奴才無任瞻切惶悚之至。

康熙伍拾肆年拾壹月初拾日。

提督陝西甘肅等處地方總兵官帶降貳級留任戴罪圖功奴才師懿德。

[93] 肅州總兵路振聲奏謝賞賜鹿乾摺（康熙五十四年十一月初十日）[2]-1938

陝西肅州總兵官奴才路振聲謹奏，為恭謝聖恩事。

奴才進摺請安家人黃煥於拾壹月初玖日至巴爾枯兒行營，捧到欽賜奴才鹿肉乾叁拾把，隨即恭設香案望闕叩頭，恭謝皇恩祗領，並開讀主子硃批旨意，朕安，爾聞哈密之事星夜十一日趕到，賊聞風逃遁，深為可嘉，欽此。奴才恭閱聖安，兼領恩賜，忻喜如狂，感激靡已，伏念奴才碌碌庸才，荷蒙聖恩拔於戎行，授以邊任，涓埃未効，尸位徒慚，當茲逆彝犯順，口外用兵，正臣子奮勵精誠，竭盡駑駘之日，迺沐聖主殊榮，溫綸疊沛於軍中，欽賞遙頒於塞外，奴才何人，寧堪負荷，惟有銘鏤心骨，罄茲犬馬愚忱，以圖仰報於萬一耳，除將欽賞鹿肉乾分頒寮屬大小官弁兵丁人等，共戴皇恩外，奴才謹具奏摺，差遣家人黃煥齎捧恭謝以聞。

康熙伍拾肆年拾壹月拾壹日陝西肅州總兵官奴才路振聲。

硃批，朕安，知道了。

[94] 肅州總兵路振聲奏賀萬壽並進區掛麵摺（康熙五十五年正月初八日）[2]-1979

陝西肅州總兵官奴才路振聲謹奏，為恭祝萬壽事。

奴才身羈塞外，遠隔天顏，恭逢萬壽，弗獲隨班嵩祝，奴才戀主之私，拳拳寤寐，除俟至期率同在巴爾枯兒軍前標屬大小官弁人等望闕叩頭，恭祝

〔註315〕原文作巴庫爾，根據文檔內容改為巴兒庫兒。
〔註316〕原文作師懿德謹，今改為師懿德謹奏。

萬壽無疆外，謹遣家人張九如代奴才恭進肅州區掛麵四箱，稍伸一點葵忱，伏乞天恩垂鑒，奴才振聲無任仰瞻忻忭之至，謹具奏摺以聞。

康熙伍拾伍年正月初捌日陝西肅州總兵官奴才路振聲。

硃批，朕安，每聞往來人說卿營伍中事無不感念，皆云皇上用人甚當，朕甚寬慰，故有好旨，已經傳了。

[95] 甘陝提督師懿德奏賀萬壽摺（康熙五十五年正月十八日）[2]-1983

提督陝西甘肅等處地方總兵官帶降貳級留任戴罪圖功奴才師懿德謹。

竊奴才出師塞外，遠違闕庭，恭逢主子萬壽，弗獲隨班嵩祝瞻仰之私，寤寐靡已，至期敬率軍前標屬官弁人等望闕叩頭，恭祝萬壽無疆矣，奴才無任踴躍歡忭之至，為此恭繕奏摺，謹遣家人魏彪齎捧恭進以聞。

康熙伍拾伍年正月拾捌日提督陝西甘肅等處地方總兵官帶降貳級留任戴罪圖功奴才師懿德。

硃批，知道了。

[96] 理藩院奏請檄令察罕丹津將呼畢勒罕送往塔爾寺摺（康熙五十五年正月十九日）[1]-2736

理藩院謹奏，為請旨事。

竊准青海貝勒戴青和碩齊察罕丹津〔註317〕疏言，小貝勒戴青和碩齊合掌跪奏，一統天下至大至尊文殊師利茂育蒼生纘承大統安逸生靈德威遠播明鑒大皇帝寶座前，為恭請大皇帝明鑒事，聖主造福在世生靈，壽如須彌山堅固，四面兆民普沐仁德，太平有象，福祚無疆，值此元旦禮，遣此人請安，小臣仰賴大聖主仁化，謹遵訓諭，身安無恙，虔誠祈奏，自臣前覲天顏，荷蒙聖旨，洪恩迄今，敬念聖主不貳，前我屢被族人譖奏，仰蒙明鑒曲直之聖主軫念，差大臣降下仁旨，朕不以為實，即爾亦勿與族人反目，欽此。小臣頓開茅塞，不勝喜悅，至今仍思念之，今想我兄弟又譖奏耳，懇乞文殊師利聖主施恩，明鑒曲直如前，謹以奏書之禮，進貢禮物無瑕天寶等語。

據使臣齋桑、理事官納沁、滿喇木巴額木齊報稱，聖主軫念我等為固始汗子孫，故我親赴覲見聖主時承蒙聖主軫念，封為貝勒，並拍肩降旨曰，爾等兄弟和睦共處，在外爾等無敵，惟兄弟內共圖和睦，欽此。屢賜教誨迄今，小臣亦感戴聖主之恩，惟因札希巴圖魯王〔註318〕屢喻我奏請皇上該新呼畢勒

─────────────

〔註317〕原文作貝勒戴青和碩齊、察罕丹津，今改正為貝勒戴青和碩齊察罕丹津。
〔註318〕《蒙古世系》表三十七作達什巴圖爾，顧實汗圖魯拜琥幼子，即第十子。

罕〔註319〕是眞，故曾奏請，我等不敢違背聖旨而行，此乃我衆人之意，非我一人之意，況且前我兄弟誣謗我，蒙皇上聖明洞鑒，屢次教誨我和睦相處，是以此間並無生事端，我所信賴扶育我者，除神聖文殊師利皇帝外別無他主，今我青海兄弟誣告我歸附策妄喇布坦，策妄喇布坦乃準噶爾之一台吉，我係固始汗之子孫矣，是我霸佔策妄喇布坦，或策妄喇布坦霸佔我耶，此等苦難之處，伏乞文殊師利聖主明鑒等語，於康熙五十五年正月十八日由乾清門侍衛喇錫等奏入，奉旨，著該部議奏，欽此欽遵。

臣等議得，青海貝勒察罕丹津疏言，臣前觀天顏荷蒙聖旨洪恩，迄今不貳，前我屢被族人譖奏，仰蒙聖主軫念，差大臣降下仁旨，朕不以爲實，即爾亦勿與族人反目，欽此。不勝喜悅，我兄弟又條陳，伏乞聖主恩鑒等語。據使臣齋桑、理事官納沁等報稱，札希巴圖魯王屢喻我奏請皇上該新呼畢勒罕是眞，故曾奏請，我等不敢違背聖旨而行，此乃我衆人之意，非我一人之意，扶育我者乃文殊師利皇帝，除此別無他主，今我青海兄弟誣告我歸附策妄喇布坦，策妄喇布坦乃準噶爾之一台吉，我係固始汗之子孫〔註320〕矣，是我霸佔策妄喇布坦或策妄喇布坦霸佔我耶，此等苦難之處，伏乞文殊師利聖主明鑒等語。查得青海之台吉等均爲聖主所封之人，聖主憐念固始汗，屢加重恩，降旨教誨兄弟內和睦共處，迄今無人譖奏，皇上爲天下一統大聖主，如日月照臨，即小人亦不能譖奏，自該呼畢勒罕轉世以來，蒙聖上明鑒洞徹，以若將此呼畢勒罕留住青海，恐其兄弟內終久或起爭端，遣員前往調取時唯獨察罕丹津抵制，始終推諉，謂呼畢勒罕無前去之造化等情，不令起程，而今又以王札希巴圖魯爲託辭，誠有王札希巴圖魯在，則無此等之事，不敢違背皇上諭旨，察罕丹津等專擅該呼畢勒罕之事，豈可推諉他人耶，況且衆扎薩克王貝勒貝子公台吉等曰黃教之達賴喇嘛乃我衆蒙古供奉之喇嘛，並非青海所獨有者，確立推廣黃教之達賴喇嘛者，是統一寰區之文殊師利大聖皇帝裁定耳，小人豈可妄言，誠達賴喇嘛之呼畢勒罕，自有其轉生之日，他人斷不能隱瞞，達賴喇嘛祇指一人耳，爾指一個，我指一個，妄指可乎，我等皆係施主，察罕丹津若專擅，則於我等豈無責任耶，我等以各自率兵，赴青海爭議達賴喇嘛等因奏請皇上，遂各已整兵預備，今看察罕丹津奏書，及其使臣口語，雖聲稱欽遵皇上諭旨，然於該呼畢勒罕之事，察罕丹津又獨斷專行，此行可謂無私心耶，故此請咨文察罕丹津，咨文內載，聖主軫念固始汗，封

〔註319〕指七世達賴喇嘛羅布藏噶勒藏佳木磋。

〔註320〕此處補孫字。

青海諸台吉爲王貝勒貝子公，頒旨教誨兄弟內和睦共處迄今，皇上如日月照臨，小人豈能譖奏耶，自此呼畢勒罕轉生以來，蒙聖主明鑒洞徹，以若將此呼畢勒罕留住青海，恐其兄弟內終久或起爭端，（是以降旨，今即與諭旨相合，生出爭端）派員前往調取時唯獨爾抵制，始終推諉，謂呼畢勒罕無前去之造化等情，不令起程，且達賴喇嘛巴爾卡木地方之正賦原係達賴喇嘛商上之物，竟派人禁止各寺廟喇嘛食用，今又推委王札希巴圖魯，誠有王札希巴圖魯在，斷不（違旨）滋事[不敢違背皇上諭旨]，看爾行徑，不無私念。衆扎薩克之王貝勒貝子公台吉等曰，聖主軫念固始汗，封青海台吉等皆爲王貝勒貝子公，歷年賞賜俸祿銀，施加重恩，降旨令和睦共處，因此青海人等理應仰副皇上仁恩，使兄弟內彼此和睦，共享太平，諸事照皇上裁斷遵行，察罕丹津無知，爲達賴喇嘛之呼畢勒罕一事始終推諉，肇起事端，違旨而行，殊屬可惡，若不嚴懲此輩，則難免再有敗壞黃教之徒矣，此等之輩，皇上何必賞賜俸祿，請停撥俸祿，達賴喇嘛祇指一人耳，爾指一人，我指一人，豈可隨心所欲耶，黃教及達賴喇嘛乃我衆蒙古供奉之喇嘛，並非青海獨有，我等均爲施主，推廣黃教，指定達賴喇嘛，應由統一寰區之文殊師利大皇帝裁定，豈可小人妄議耶，誠係達賴喇嘛之呼畢勒罕，自有其轉生之日，他人不能隱瞞，若察罕丹津等獨斷專行，我等係聖上所封之王貝勒貝子公，我等豈無責任耶，我等各自率兵，開赴青海，相爭達賴喇嘛，必定各不相讓，應將此等情由，咨行曉諭青海台吉等，遣還呼畢勒罕則已，倘仍不令起程，藉故推諉，則不用皇上派大軍，我衆扎薩克等將統兵開赴青海，以爭辯是非等因奏請皇上，[各自整兵預備]，爾今奏稱撫育我者除文殊師利皇帝外，並無他主等語，既然如此，此文一到，爾即將呼畢勒罕送往塔爾寺，將巴爾卡木地方之正賦恢復如初，則爾所奏皆實，倘不令呼畢勒罕起程，仍令停止巴爾卡木地方正賦，則爾具奏謝過者皆虛也，[扎薩克等兵暫且不用]調護軍統領晏布〔註321〕等兵，雲南貴州四川松潘西安西寧等界地衆兵，務必征剿，彼時爾將悔之矣，因爾青海地方甚亂，今年應發俸祿〔註322〕概行禁止，以上述之語繕文鈐印，交付來使納沁等，派臣部賢能章京一員，乘驛同往，呼畢勒罕尚未送來，請勿納察罕丹津之貢物，命下之日移文侍衛阿齊圖等知會可也，爲此謹奏請旨。

領侍衛內大臣兼理尚書事務公臣阿靈阿。

〔註321〕《欽定八旗通志》卷三百十八作護軍統領顏布。此人後陞任都統，《欽定八旗通志》卷三百二十四作蒙古正紅旗都統晏布。
〔註322〕原文作繳俸祿，今改正爲發俸祿。

左侍郎臣諾木齊岱。

右侍郎臣拉都渾。

郎中臣特古特。

主事臣格呼勒圖。

主事臣圖眞。

[97] 甘肅巡撫綽奇奏謝硃批訓勉摺（康熙五十五年二月初四日）[1]-2738

奴才綽奇謹奏，爲叩謝天恩事。

康熙五十五年二月初一日奴才家人賫捧奏摺由京城返回，奴才跪接展讀，內奉硃批，知道了，今遇用兵之際，正值爲臣者効力時矣，應盡心軍需，不得耽誤，不可苟且偷安，勉之，欽此。伏見聖旨，奴才不勝感激，痛哭流涕，竊思父之誨子亦難如此周詳，奴才原本愚懦，承蒙皇上撫育之寵恩，擢授至巡撫要職，到任不久恰遇用兵之大事，奴才原極懦弱，即使披肝瀝膽，亦恐有負聖主高厚之恩，夙夜悚惶，自應銘記聖上諄諄教誨，永竭犬馬之力，竭力報効，爲此謹奏叩謝天恩。

硃批，知道了。

[98] 山西巡撫蘇克濟奏會審趙鳳詔情形摺（康熙五十五年二月初四日） [1]-2739

山西巡撫奴才蘇克濟謹奏，爲奏聞事。

奴才恭摺奏請聖安時奉旨，朕體安，大臣等前去審趙鳳詔〔註323〕之案情形，仍先些奏聞，所奏應多應細，欽此欽遵。查得總督額倫特、巡撫李錫〔註324〕於年前十二月十三日抵太原府，與奴才會同按項逐一審問，趙鳳詔向其屬下官員強行索取之處，各州縣官員皆已承認，其家人姜義亦不隱瞞，皆已承認，惟趙鳳詔巧爲抵賴不認，齋戒日過後，將趙鳳詔嚴審定擬後，奴才再詳奏，爲此謹具摺恭奏以聞。

奴才蘇克濟親書。

硃批，知道了。

〔註323〕户部尚書趙申喬之子。

〔註324〕《清代職官年表》巡撫年表作李錫，康熙五十三年至五十五年任河南巡撫。

[99] 山西巡撫蘇克濟奏請布政使留任丁憂摺（康熙五十五年二月十二日）[1]-2741

山西巡撫奴才蘇克濟謹奏，為請布政使官留任丁憂事。

奴才看得布政使官乃職掌全省錢糧等事務之任者，所關甚要，奴才蒙主子之恩任山西巡撫，七年間五換布政使，現今布政使蘇瞻〔註325〕又為其父丁憂，查得蘇瞻人可以，辦事謹慎，辦理錢糧事務甚明，實為効力官員，現值辦理軍需之際正用人之時，伏乞主子施洪恩降特旨，將蘇瞻留任丁憂，則於錢糧地方大有裨益，奴才為錢糧為地方冒昧具摺奏請，候旨。

奴才蘇克濟親書。

硃批，本到後留之。

[100] 湖廣總督額倫特奏請朝覲摺（康熙五十五年二月十三日）[1]-2744

奴才額倫特謹奏，為審結後謹請陛見事。

竊奴才欽遵聖旨於去歲十一月二十六日乘驛起程，於十二月十三日抵達太原，會同巡撫李錫、蘇克濟傳喚眾官員及罪犯來衙門，謹遵聖主訓諭，詳加質審，趙鳳詔貪贓案內，其有干證者，尚未加刑，自己及其家人皆招供，除將此現繕本會奏外。奴才一介微賤，承蒙聖主施以隆恩擢授總督，入京覲見，銘記皇上訓諭，欽遵已歷三年，今奴才遵旨來山西，距離京城已甚近，且恭遇萬壽聖誕，伏乞聖上施以天恩，准奴才入京陛見，朝覲天顏，跪聆聖訓，以展奴才戀主之誠，為此謹奏請旨。

湖廣總督奴才額倫特。

硃批，既至近處，應准前來，但今陝西地方即將用兵，有用爾之處，著暫於太原等候。

[101] 甘肅提督師懿德奏謝欽差侍衛頒賜克食並荷蒙聖訓教導摺（康熙五十五年二月十五日）[2]-2013

甘肅提督總兵官奴才師懿德謹奏，為恭謝天恩事。

本年二月初六日欽差侍衛等到巴兒庫兒頒賜奴才等滿漢官兵克食，隨同望闕叩頭祗領訖，眾官兵歡聲沸騰，嵩呼震動，除將軍席柱公同奏謝外，又蒙轉下奴才上諭，提督師懿德爾係新任提督，凡事與你底下的總兵歷練過的舊人多多商議行走好，欽此欽遵。竊以奴才一介愚陋，叨沐隆恩，豢養成人，

〔註325〕《清代職官年表》布政使年表作山西布政使蘇瞻。

畀以嚴疆重任，愧無寸勞，今茲小醜跳梁，動煩天討，出師塞外，正奴才竭蹶駑力之時，但以初蒞行陣，未諳機宜，荷蒙聖訓教導，奴才伏思恩旨彌深，眷顧獨厚，奴才跪聆之下感激無地，敬謹遵循，銘心刻腑，無敢師心自用，且奴才受恩日長，出力日少，無可仰報，惟勉竭血誠，同滿漢官兵踴躍鼓舞，早滅醜類，永清西土，上報聖恩於萬一也，奴才恭繕奏摺，欲遣家人齎進，恐延時日，謹同將軍席柱奏摺恭進以聞。

康熙伍拾伍年貳月拾伍日甘肅提督總兵官奴才師懿德。

硃批，知道了。

[102] 肅州總兵路振聲奏謝欽差侍衛頒賜克食摺（康熙五十五年二月十五日）[2]-2014

陝西肅州總兵官奴才路振聲跪進奏摺，恭謝主子天恩。

康熙伍拾伍年貳月初陸日欽差侍衛至巴爾庫爾軍前，頒賜統領官兵滿漢諸臣鹿尾秦鰉魚並口傳恩旨，總兵路振聲聞哈密信息，隨即領兵應援，主子很誇獎，欽此。奴才隨望闕叩頭謝恩訖，其欽頒鹿尾秦鯉魚當經將軍臣席柱逐營分賜，各官兵感激天恩，歡聲動地，除將軍臣繕具公摺奏謝外。伏念奴才軍伍凡材，猥沐洪慈，拔予戎行，委任邊地，領兵追剿逆賊，係奴才職分當然之事，不意逆賊聞風逃遁，未能奮力剿殺，心實惶懼，荷蒙聖主寬厚，遙頒欽賞，疊沛溫綸，奴才何人，敢當皇恩優異如斯也，惟有益勵丹誠，諭勉官兵共竭犬馬之力，以報高厚於萬一，且今奴才身在塞外，遣差恐有遲滯，謹繕謝恩奏摺，隨將軍臣公摺齎進，伏乞天恩慈鑒，奴才無任仰瞻悚息之至，謹具奏摺以聞。

康熙伍拾伍年貳月拾伍日陝西肅州總兵官奴才路振聲。

硃批，朕安，所奏知道了。

[103] 議政大臣蘇努等議覆發羊隻接濟將軍席柱軍口糧摺（康熙五十五年二月十六日）[1]-2746

議政大臣固山貝子都統臣蘇努等謹奏，為謹遵上諭事。

據西安將軍席柱等奏稱，臣等帶領前來駐巴里坤之滿洲綠旗各兵口糧，自去歲十月初一日至十二月二十九日，斷近二十日或二十餘日不等，至兵丁忍饑挨餓等因，稟告眾官員後，轉呈臣等前來，至正月十五日間尚未運到之口糧，臣等擬作速咨文催促，正月十五日前半個月口糧擬巧為通融，以羊代糧接濟之，倘十五日以後羊不到兵丁定甚受饑餓，臣等酌情料理後，另行奏聞等語，於五十四年十二月二十九日具奏在案，除去歲米麥未接濟外，今年正月初一日至二十八日運抵之米麥，俱照十五斤之斗散給滿洲綠旗眾兵口，約十餘日，另有十日餘又未能接濟，且應送之羊至今仍未送到，兵丁業經挨餓，故除尚書富寧安、巡撫綽奇又咨文催促噶什圖，令將應運送之糧、羊作速上緊接濟運至外，臣等雖盡量通融料理，惟喫糧之兵口多，實難均勻周到運抵，兵丁先前所喫之糧係用十九斤倉斗領來，嗣後於十一月初九日巡撫綽奇俟噶什圖之咨文到後，即以十五斤斗計算，現在羊未到，且糧亦未能接濟，兵丁已陷饑餓中，豈敢不奏聞，為此恭奏以聞等語，此本於康熙五十五年二月十四日交奏事之雙全具奏。奉旨，交議政大臣議奏，欽此。又議政大臣議覆，厄魯特多羅貝勒額駙阿保〔註326〕亦由該巡撫視敷用撥給，仍按日給發租銀，目下効力之人俱已遣至富寧安處，於運糧事務上効力，若効力可嘉，奏聞後簡放省缺，查得先前尚書富寧安以給發兵丁之羊，派原郎中宋舉業等攜帶三萬兩銀，前往喀爾喀地方採買後給發兵丁等因，業經具奏施行在案，雖於喀爾喀地方採買，然豈能恰好購得如此多之牲畜，再雖於青海沿邊附近購得羊隻，然無水草，亦難抵大軍駐紮之地，阿勒泰路兵丁備有駱駝三千、羊二十萬，喀爾喀地方既然容易買到牛羊，故作速行文木賽〔註327〕、祁里德，將侍衛色棱〔註328〕所屬之車臣汗〔註329〕等旗捐助之駝三千，祁里德等由右翼喀爾喀人處採買之羊十萬，由右翼喀爾喀人中派出賢能台吉兵丁，視陸續準備停當，出阿濟卡倫送往巴里坤，交予將軍席柱，作為兵丁口糧給發，駝隻用於運糧可也，此發出之十萬隻羊之缺，由該部送五萬兩銀，交付祁里德等採買預備。

再據貝勒額駙阿保奏稱，內軍馬皆放於近河草豐之地，並未肥壯，山中有一種根紅綠之草，馬食此可肥，按我方之人指點之處牧放之，仍可餵肥，野獸亦多，我人捕之，所獲甚多，再烏梁海扎薩克之台吉托莫克〔註330〕居住之地距巴里坤近，週圍之地伊等皆知之，若將此等兵丁併入我處，則更周全

〔註326〕《平定準噶爾方略》卷一頁十作阿寶，《蒙古世系》表三十六作阿寶，顧實汗圖魯拜琥第三子巴延阿布該阿玉什之孫，父和囉哩。
〔註327〕《欽定八旗通志》卷三百二十四作蒙古正藍旗都統穆賽。
〔註328〕《平定準噶爾方略》卷二頁二十二作一等侍衛色楞。
〔註329〕屬喀爾喀車臣汗部，《蒙古世系》表三十三作袞臣，其父烏默客。
〔註330〕《平定準噶爾方略》卷九頁七作烏梁海扎薩克台吉托穆克。

等語。額駙阿保所奏甚是,既然如此,將此行文將軍席柱等,帶領額駙阿保
等之人,照阿保之人指點之處,將馬畜放於水草豐善之處養肥之,亦令兵丁
捕獵,以省口糧,現在托莫克之兵既在祁里德處,故行文木賽、祁里德,俟
托莫克本人調兵丁來後,亦遣往阿保等人軍中,合於一起,若有行走之處,
合於阿保等人軍中後,聽將軍席柱等人調遣而行等語,為此謹奏請旨。

議政大臣固山貝子都統臣蘇努。

議政大臣領侍衛內大臣侯臣巴渾岱。

議政大臣領侍衛內大臣公臣額倫岱。

議政大臣領侍衛內大臣公臣阿靈阿。

議政大臣領侍衛內大臣公臣馬爾賽。

議政大臣領侍衛內大臣公臣海金。

大學士臣嵩祝。

議政大臣都統臣充固里〔註331〕。

議政大臣都統臣伍格。

議政大臣都統臣胡西巴。

議政大臣禮部尚書臣赫碩咨。

議政大臣兵部尚書公臣孫澂灝。

議政大臣刑部尚書臣賴都。

議政大臣工部尚書臣赫奕。

議政大臣都察院左都御史臣揆敘。

兵部右侍郎臣黨阿賴〔註332〕。

硃批,依議,速行文。

[104] 湖廣總督額倫特奏報署理將軍事務日期摺（康熙五十五年二月二 十八日）[1]-2753

奴才額倫特謹奏,為謹報奴才起程赴陝西日期事。

康熙五十五年二月二十八日奉兵部咨文傳旨,陝西地方緊要,將軍席柱
今已出征,總督額倫特寫摺奏請審案畢來京城時,朕以另有用處等語批發,
從彼既距陝西近,則咨令額倫特速去西安,署理將軍事務,至於錢糧事務亦

〔註331〕《欽定八旗通志》卷三百二十一作滿洲正白旗都統崇古禮。普琦於康熙五十
一年十一月任滿洲正白旗都統,則崇古禮此時已不為都統。

〔註332〕《清代職官年表》部院滿侍郎年表作滿兵部左侍郎黨阿賴。

與總督鄂海商議，公同協理，欽此欽遵，當日奴才即乘驛起程，爲此謹具奏聞。

　　湖廣總督奴才額倫特。

　　硃批，陝西地方甚爲緊要，應當刻意黽勉。

[105] 吏部尚書富寧安奏請萬安摺（康熙五十五年三月初四日）[1]-2761

　　奴才富寧安跪請聖主萬安。

　　硃批，朕體安善，氣色較前又好，是次出征將軍提督總兵等何如，著逐一寫明奏聞，今軍務不甚喫緊，諸事應從容辦理，勿急。

[106] 直隸總督趙弘燮奏報直隸馬騾已經選撥起程摺（康熙五十五年三月初八日）[2]-2036

　　總督管理直隸巡撫事務兵部右侍郎兼都察院右副都御史加玖級又加肆級臣趙弘燮謹奏，爲奏聞事。

　　切臣前准兵部咨將直隸餵養馬騾派官撥貳千匹交與道府等官，沿途安站，給予空草，加謹趕送，從鄂爾多斯進橫城口〔註333〕，送至甘肅，交與尚書富寧安，給與兵馬人等騎坐馱載使用等因，臣隨轉行遵候在案，茲准欽差撥馬禮部左侍郎臣二格〔註334〕咨稱，本部選撥直隸馬騾貳千匹頭已於本年貳月貳拾捌叁月初叁等日面交解馬道員李育德、知府劉民瞻訖，希作速起程送至甘肅等因，准此除臣見在飭令原委之大名道李育德、眞定府知府劉民瞻等帶同文武員弁分作肆起，陸續起程押送咨明外，所有直隸馬騾已經選撥，並見在起程緣由，理合繕摺恭奏以聞。

　　康熙伍拾伍年叁月初捌日總督管理直隸巡撫事務兵部右侍郎兼都察院右副都御史加玖級又加肆級臣趙弘燮。

　　硃批，知道了。

[107] 議政大臣蘇努等議覆向策妄喇布坦遣使等情摺（康熙五十五年三月十三日）[1]-2762

　　議政大臣固山貝子都統臣蘇努等謹奏，爲謹遵上諭事。

　　康熙五十五年三月初十日諭議政大臣等，差往策妄喇布坦處之克什圖、保住〔註335〕，哲布尊丹巴呼圖克圖處之使人及策妄喇布坦差至哲布尊丹巴呼

〔註333〕原文作恒城口，今改爲橫城口。
〔註334〕《清代職官年表》部院滿侍郎年表作禮部左侍郎二鬲。
〔註335〕《平定準噶爾方略》卷二頁五作原任員外郎保住。

－124－

圖克圖處之使人潘提、忠內〔註336〕等俱前來，朕詢問策妄喇布坦情形，皆已
悉知，策妄喇布坦乃鉅猾奸詭之人，甚屬無恥，以朕之使臣非係使臣，旨意
非係諭旨，是部文等語死賴，今爾諸大臣等向克什圖、保住等詳詢策妄喇布
坦情形，將所派使臣克什圖、保住，呼圖克圖使臣楚楊托音〔註337〕、策妄喇
布坦使臣潘提、忠內等一同遣往，此既係較大之事，故其作何遣往之處，爾
等會同議政大臣，副都統以上並九卿大臣等，各陳所見詳議。再傳諭漢大臣
等，從前但以兵糧牲畜路遠難到為念，今兩處兵畜兵糧皆已齊備，祁里德等
之兵糧現剩有二千餘石，而西路之米亦皆陸續運到，兩處之米委屬充裕，無
容計慮，甚為寬舒，目今兵糧運送一事稍緩甚好，對牲畜亦甚有益，去年大
冬天嚴寒，兵糧尚全運抵，現今天暖，正值青草發生之夏季矣，又何以憂。
朕從前中路出兵時曾於沿途按站留米，令煮粥以養贍營中困乏之步行跟役並
貿易人等，大有裨益，今兩路進兵之站，每站各留二石米可也，似此則運糧
牲口駄子可稍輕，且每站若有米，人丁斷不致饑餓倒斃，策妄喇布坦污穢之
行，算何大事，我等人命至貴。再將軍席柱原係護軍章京，於侍衛上行走之
人，朕甚稔知，其戰於行陣，漢仗壯健，然無度量，一應軍務糧餉俱將軍之
責，伊云我但統領兵丁，運米之事與我無涉，糧到我即行等語，可見席柱無
將軍之才，此處亦著議政大臣確議，再總兵官路振聲一聞侵犯哈密，即領兵
往救，且聞伊愛養標下兵丁，甚屬出力，路振聲著授為參贊，賞翎。據策妄
喇布坦奏，懇遣使一賢能大員等語，伊並未認錯，伊不遣使臣，若我等遣大
員，甚屬不合，克什圖、保住出使策妄喇布坦處所已經數次，倘授伊等大銜
遣往，即係大員矣。再凡為使臣者果能一體同心，於事方可有濟，若內有不
睦，互相掣肘，彼此言語矛盾，一有差失，則無益於事，伊等有不合處，即
當明言為是，再派出章京一人，偕克什圖、保住前去，此處亦著大臣會議，
書諭旨時令克什圖、保住等面看繕寫，伊等若言此不可，朕隨改之。再明示
諸大臣，我兩路兵馬牲畜糧米一應俱已齊備，兩處軍中業已種地，收穫可期，
告此次所遣使臣，得策妄喇布坦認錯或如何之確實情形，來年即將我大兵逐
漸進至伊地，告以會講等語遣往，若將二千人遣至哈密後會議，即言隨使臣
前來之大軍並非進剿之兵等語，會議可也，欽此欽遵。

　　臣等議覆，論議政大臣等，差往策妄喇布坦處之克什圖、保住，哲布尊
丹巴呼圖克圖處之使人及策妄喇布坦差至哲布尊丹巴呼圖克圖處之使人潘

〔註336〕《平定準噶爾方略》卷三頁十五作潘提忠內，疑為一人。
〔註337〕《平定準噶爾方略》卷三頁十四作楚揚托音。

提、忠內等俱前來，朕詢問策妄喇布坦情形，皆已悉知，策妄喇布坦乃鉅猾
奸詭之人，甚屬無恥，以朕之使臣非係使臣，旨意非係諭旨，是部文等語死
賴，今爾諸大臣等向克什圖、保住等詳詢策妄喇布坦情形，將所派使臣克什
圖、保住、呼圖克圖使臣楚楊托音、策妄喇布坦使臣潘提、忠內等一同遣往，
此既係較大之事，故其作何遣往之處，爾等會同議政大臣、副都統以上並九
卿大臣等，各陳所見詳議。再傳諭漢大臣等，從前但以兵糧牲畜路遠難到為
念，今兩處兵畜兵糧皆已齊備，祁里德等之兵糧現剩有二千餘石，而西路之
米亦皆陸續運到，兩處之米委屬充裕，無容計慮，甚為寬舒，目今兵糧運送
一事稍緩甚好，對牲畜亦甚有益，去年大多天嚴寒，兵糧尚全運抵，現今天
暖，正值青草發生之夏季矣，又何以憂，朕從前中路出兵時曾於沿途按站留
米，令煮粥以養贍營中困乏之步行跟役並貿易人等，大有裨益，今兩路進兵
之站，每站各留二石米可也，似此則運糧牲口馱子可稍輕，且每站若有米人
丁斷不致饑餓倒斃〔註338〕，策妄喇布坦污穢之行，算何大事，我等人命至貴。
再將軍席柱原係護軍章京，於侍衛上行走之人，朕甚稔知，其戰於行陣，漢
仗壯健，然無度量，一應軍務糧餉俱將軍之責，伊云我但統領兵丁，運米之
事與我無涉，糧到我即行等語，可見席柱無將軍之才，此處亦著議政大臣確
議。再總兵官路振聲一聞侵犯哈密，即領兵往救，且聞伊愛養標下兵丁，甚
屬出力，路振聲著授為參贊，賞翎。據策妄喇布坦奏，懇遣使一賢能大員等
語，伊並未認錯，伊不遣使臣，若我等遣大員，甚屬不合，克什圖、保住出
使策妄喇布坦處所已經數次，今加伊等大衛前去，即係大員矣，再凡有使臣
者，果能一體同心，於事方可有濟，若內有不睦，互相掣肘，彼此言語矛盾，
一有差失，則無益於事，伊等有不合處，即當明言為是，再派出章京〔註339〕
一人，偕克什圖、保住前去，此處亦著大臣會議，書諭旨時令克什圖、保住
等面看繕寫，伊等若言此不可，朕隨改之。再明示諸大臣，我兩路兵馬牲畜
糧米一應俱已齊備，兩處軍中業已種地，收穫可期，告此次所遣使臣，得策
妄喇布坦認錯或如何之確實情形，來年即將我大兵逐漸進至伊地，告以會講
等語遣往，若將二千人遣至哈密後會議，即言隨使臣前來之大軍，並非進剿
之兵等語，會議可也等因。降旨甚是，策妄喇布坦乃鉅猾奸詭之人，甚屬無
恥，以聖主所遣使臣非係使臣，旨意非係諭旨，派兵侵犯哈密後逃竄，卻聲
言非派兵進犯，派往言語等因抵賴，以此觀之，策妄喇布坦若死，亦係佯裝，

〔註338〕原文作倒弊，今改正為倒斃。
〔註339〕原文作在京，今改正為章京。

乃暫息忍讓之計，既然如此，仍遣使頒行敕諭，此次遣使，應繕諭旨，曉以利弊開導之，並寬生路，歷數其非訓諭之，策妄喇布坦若知非認錯，遣子弟或較大之員具奏文書，則如何料理之處，悉由聖恩裁定，若策妄喇布坦仍怙惡不悛，忍死執拗，現今阿勒泰一路巴里坤一路兵糧牲畜俱已齊備，又科布多、烏蘭古木等地業經種地，今秋可有收成，諸物既已齊備，應於明年草發時進剿，並派使臣隨行，克什圖、保住既係原行走之人，藍翎克什圖、原任員外郎保住應授何銜，再原任郎中奔璽〔註340〕既與克什圖、保住一起遣往，奔璽應授何銜之處，皆伏乞皇〔註341〕上指示，此次派遣，策妄喇布坦之使臣潘提、忠內等人，應照例賞賜，亦與克什圖等公同遣往都統木賽、閒散大臣祁里德處，照此等人騎用馱用，給發馬駝口糧等遣往。再策妄喇布坦既咨文哲布尊丹巴呼圖克圖，令哲布尊丹巴呼圖克圖咨與回文，仍差楚楊托音帶去，策妄喇布坦向與克什圖同去之喀爾喀台吉扎穆巴拉極力修好，又唆調喀爾喀等，應令喀爾喀汗、王等亦給與回文，仍差楚楊托音帶去，回文既有關係，伏乞皇上指示。現今兩路軍前糧米甚屬充裕，無容計慮，應行文都統圖思海、尚書富寧安等，現今草發，餵養馬駝，從容運送，前中路出兵時因奉上諭〔註342〕，沿途按站留米，於步行跟役及貿易人等大有裨益，今兩邊軍路，照中路留米之例〔註343〕，亦應令每站留米各二石交與驛站官員，令其煮粥養來往行人及貿易人等，如此則於行人有益，且運米之牲畜馱子亦可減輕。再一應軍務糧餉俱將軍之責，席柱言我但統領兵丁，運米之事與我無涉，糧到我即行等語，可見席柱無將軍之才，統兵行軍之事甚重，巴里坤軍中應派大臣一員前往代替，席柱以何銜効力之處，伏乞皇上指示。再總兵官路振聲一聞侵犯哈密，即領兵往救，且愛養標下官兵，殊為可嘉，相應賞翎，授為參贊，奉旨後，為派出大臣，由該部具奏。再巴里坤、阿勒泰路進兵，派遣總統將軍，派三路大臣採買駝牛羊交付貿易人等採買牛羊，給發兩路兵丁野外錢糧，派遣京城二千兵丁各等情，另行議奏，為此謹奏請旨。康熙五十五年三月十三日面奏，奉旨，依議，欽此。

議政大臣固山貝子都統臣蘇努。

議政大臣領侍衛內大臣公臣額倫岱。

〔註340〕《平定準噶爾方略》卷三頁十七作原任郎中奔璽。
〔註341〕此處補皇字。
〔註342〕原文作奏上諭，今改正為奉上諭。
〔註343〕原文作之路，今改為之例。

議政大臣領侍衛內大臣侯臣巴渾代。

議政大臣領侍衛內大臣公臣阿靈阿。

議政大臣領侍衛內大臣公臣馬爾賽。

議政大臣領侍衛內大臣公臣海金。

大學士臣嵩祝。

大學士臣蕭永藻〔註344〕。

大學士臣王掞〔註345〕。

議政大臣都統兼前鋒統領臣郎圖〔註346〕。

議政大臣正白滿洲旗都統臣充固里〔註347〕。

議政大臣正白蒙古旗都統兼鑲黃旗護軍統領臣伍格。

議政大臣鑲藍滿洲旗都統臣胡西巴。

議政大臣禮部尚書臣赫碩咨。

議政大臣兵部尚書臣孫澂灝。

議政大臣刑部尚書臣賴都。

議政大臣工部尚書臣赫奕。

議政大臣都察院左都御史臣揆敘。

鑲黃滿洲旗都統臣阿爾納〔註348〕。

鑲黃漢軍旗都統伯臣李勝宗〔註349〕。

正黃漢軍旗都統臣王吉利〔註350〕。

正白漢軍旗都統臣石文英〔註351〕。

正紅蒙古旗都統臣宗室巴賽〔註352〕。

正紅漢軍旗都統臣噶敏圖〔註353〕。

〔註344〕《清代職官年表》大學士年表作文華殿漢大學士蕭永藻。
〔註345〕《清代職官年表》大學士年表作文淵閣大學士王掞。
〔註346〕《欽定八旗通志》卷三百十八作右翼前鋒統領郎圖，《欽定八旗通志》卷三百二十四作蒙古正黃旗都統郎圖。
〔註347〕《欽定八旗通志》卷三百二十一作滿洲正白旗都統崇古禮。普琦於康熙五十一年十一月任滿洲正白旗都統，則崇古禮此時已不爲都統。
〔註348〕《欽定八旗通志》卷三百二十一作滿洲鑲黃旗都統阿勒納。
〔註349〕《欽定八旗通志》卷三百二十七作漢軍鑲黃旗都統李繩宗。
〔註350〕《欽定八旗通志》卷三百二十七作漢軍正黃旗都統汪悟禮。
〔註351〕《欽定八旗通志》卷三百二十七作漢軍正白旗都統石文英。
〔註352〕《欽定八旗通志》卷三百二十四作蒙古正紅旗都統巴賽。
〔註353〕《欽定八旗通志》卷三百二十七作漢軍正紅旗都統噶敏圖。

鑲白蒙古旗都統臣赫里〔註354〕。

鑲紅蒙古旗都統臣阿爾希〔註355〕。

鑲紅漢軍旗都統臣馬雲曉〔註356〕。

正藍漢軍旗都統臣馮國祥〔註357〕。

鑲藍漢軍旗都統臣伊爾白〔註358〕。

吏部尚書臣張鵬翮〔註359〕。

戶部尚書臣趙申喬〔註360〕。

禮部尚書臣陳詵〔註361〕。

刑部尚書臣張廷樞〔註362〕。

工部尚書臣王頊齡〔註363〕。

都察院左都御史臣范時崇〔註364〕。

鑲黃滿洲旗副都統臣壽志〔註365〕。

副都統臣志勇〔註366〕。

蒙古旗副都統臣多寶〔註367〕。

漢軍副都統臣公沈雄照〔註368〕。

正黃滿洲旗副都統臣永吉納〔註369〕。

蒙古旗副都統臣宗室善索〔註370〕。

副都統臣常柰〔註371〕。

〔註354〕《欽定八旗通志》卷三百二十四作蒙古鑲白旗都統何禮。
〔註355〕《欽定八旗通志》卷三百二十四作蒙古鑲紅旗都統阿爾西。
〔註356〕《欽定八旗通志》卷三百二十七作漢軍鑲紅旗都統馬雲霄。
〔註357〕《欽定八旗通志》卷三百二十七作漢軍正藍旗都統馮國相。
〔註358〕《欽定八旗通志》卷三百二十七作漢軍鑲藍旗都統伊爾拜。
〔註359〕《清代職官年表》部院大臣年表作吏部尚書張鵬翮。
〔註360〕《清代職官年表》部院大臣年表作戶部尚書趙申喬。
〔註361〕《清代職官年表》部院大臣年表作禮部尚書陳詵。
〔註362〕《清代職官年表》部院大臣年表作刑部尚書張廷樞。
〔註363〕《清代職官年表》部院大臣年表作工部尚書王頊齡。
〔註364〕《清代職官年表》部院大臣年表作范時崇。
〔註365〕《欽定八旗通志》卷三百二十一作滿洲鑲黃旗副都統壽志。
〔註366〕《欽定八旗通志》卷三百二十一作滿洲鑲黃旗副都統智勇。
〔註367〕《欽定八旗通志》卷三百二十四作蒙古鑲黃旗副都統道保。
〔註368〕《欽定八旗通志》卷三百二十七作漢軍鑲黃旗副都統沈熊昭。
〔註369〕《欽定八旗通志》卷三百二十一作滿洲正黃旗副都統雍吉納。
〔註370〕《欽定八旗通志》卷三百二十四作蒙古正黃旗副都統善壽。
〔註371〕《欽定八旗通志》卷三百二十四作蒙古正黃旗副都統常霸。

漢軍副都統臣趙明〔註372〕。

副都統臣黃秉月〔註373〕。

正白滿洲旗副都統臣保色〔註374〕。

蒙古旗副都統臣法喇〔註375〕。

副都統臣覺羅舒格〔註376〕。

漢軍副都統臣朱廷柱〔註377〕。

正紅滿洲旗副都統臣蒙固〔註378〕。

蒙古旗副都統臣覺羅蘇葉里〔註379〕。

副都統臣亞圖〔註380〕。

漢軍副都統臣朱衛新〔註381〕。

鑲白滿洲旗副都統臣滿柱〔註382〕。

蒙古旗副都統臣覺羅圖拉〔註383〕。

副都統臣胖海〔註384〕。

漢軍副都統臣許廷臣〔註385〕。

鑲紅蒙古旗副都統臣舒爾發〔註386〕。

副都統臣覺羅伊頓〔註387〕。

漢軍副都統臣努爾布〔註388〕。

〔註372〕 《欽定八旗通志》卷三百二十七作漢軍正黃旗副都統趙珀。
〔註373〕 《欽定八旗通志》卷三百二十七作漢軍正黃旗副都統黃秉鉞。
〔註374〕 《欽定八旗通志》卷三百二十一作滿洲正白旗副都統保塞。
〔註375〕 《欽定八旗通志》卷三百二十四作蒙古正白旗副都統法喇。
〔註376〕 《欽定八旗通志》卷三百二十四作蒙古正白旗副都統舒魯。
〔註377〕 《欽定八旗通志》卷三百二十七作漢軍正白旗副都統朱廷貴。
〔註378〕 《欽定八旗通志》卷三百二十一作滿洲正紅旗副都統孟固。
〔註379〕 《欽定八旗通志》卷三百二十四作蒙古正紅旗副都統杜業禮。
〔註380〕 《欽定八旗通志》卷三百二十四作蒙古正紅旗副都統雅圖。
〔註381〕 《欽定八旗通志》卷三百二十七作漢軍正紅旗副都統祖維新。
〔註382〕 《欽定八旗通志》卷三百二十一滿洲鑲白旗副都統有額爾錦，赫達，道保，
　　　　　法喇諸人，無一相符者。
〔註383〕 《欽定八旗通志》卷三百二十四作蒙古鑲白旗副都統圖喇。
〔註384〕 《欽定八旗通志》卷三百二十四作蒙古鑲白旗副都統龐海。
〔註385〕 《欽定八旗通志》卷三百二十七作漢軍鑲白旗副都統許廷臣。
〔註386〕 《欽定八旗通志》卷三百二十四作蒙古鑲紅旗副都統蘇爾發。
〔註387〕 《欽定八旗通志》卷三百二十四作蒙古鑲紅旗副都統伊敦。
〔註388〕 《欽定八旗通志》卷三百二十七作漢軍鑲紅旗副都統努爾布。

正藍滿洲旗副都統臣烏木普〔註389〕。

蒙古旗副都統臣張格〔註390〕。

漢軍副都統臣金鴻震〔註391〕。

副都統臣瓦哈力〔註392〕。

鑲藍滿洲旗副都統臣愛圖〔註393〕。

副都統臣楊杜〔註394〕。

漢軍副都統臣耿公忠〔註395〕。

吏部左侍郎臣遜柱〔註396〕。

左侍郎臣李旭生〔註397〕。

右侍郎臣傅紳〔註398〕。

右侍郎臣湯右曾〔註399〕。

戶部右侍郎臣傅爾笏納〔註400〕。

右侍郎臣呂履恒〔註401〕。

禮部左侍郎臣王恩軾〔註402〕。

右侍郎臣胡作梅〔註403〕。

兵部右侍郎臣黨阿賴〔註404〕。

右侍郎臣田從典〔註405〕。

刑部右侍郎臣李華之〔註406〕。

〔註389〕《欽定八旗通志》卷三百二十一作滿洲正藍旗副都統溫普。
〔註390〕《欽定八旗通志》卷三百二十四作蒙古正藍旗副都統張額。
〔註391〕《欽定八旗通志》卷三百二十七作漢軍正藍旗副都統金宏振。
〔註392〕《欽定八旗通志》卷三百二十七作漢軍正藍旗副都統瓦哈禮。
〔註393〕《欽定八旗通志》卷三百二十一作滿洲鑲藍旗副都統額亦都。
〔註394〕《欽定八旗通志》卷三百二十一作滿洲鑲藍旗副都統楊都。
〔註395〕《欽定八旗通志》卷三百二十七作漢軍鑲藍旗副都統耿公忠。
〔註396〕《清代職官年表》部院滿侍郎年表作吏部滿左侍郎遜柱。
〔註397〕《清代職官年表》部院漢侍郎年表作吏部漢左侍郎李旭升。
〔註398〕《清代職官年表》部院滿侍郎年表作吏部左侍郎傅紳。
〔註399〕《清代職官年表》部院漢侍郎年表作吏部漢右侍郎湯右曾。
〔註400〕《清代職官年表》部院滿侍郎年表作戶部右侍郎傅爾笏納。
〔註401〕《清代職官年表》部院漢侍郎年表作戶部漢右侍郎呂履恒。
〔註402〕《清代職官年表》部院漢侍郎年表作禮部漢左侍郎王恩軾。
〔註403〕《清代職官年表》部院漢侍郎年表作禮部漢右侍郎胡作梅。
〔註404〕《清代職官年表》部院滿侍郎年表作兵部滿左侍郎黨阿賴。
〔註405〕《清代職官年表》部院漢侍郎年表作兵部漢右侍郎田從典。
〔註406〕《清代職官年表》部院漢侍郎年表作刑部漢右侍郎李華之。

工部左侍郎臣常泰〔註407〕。

右侍郎臣滿丕〔註408〕。

右侍郎臣王度昭〔註409〕。

理藩院左侍郎臣諾木齊岱〔註410〕。

右侍郎臣拉都渾。

內閣侍讀學士臣查弼納〔註411〕。

侍讀學士臣敦拜〔註412〕。

侍讀學士臣渣克旦〔註413〕。

侍讀學士臣星峨泰〔註414〕。

侍讀學士臣勒什布〔註415〕。

侍讀學士臣常壽〔註416〕。

侍讀學士臣蔡升元〔註417〕。

侍讀學士臣王之樞〔註418〕。

侍讀學士臣彭始摶〔註419〕。

都察院左副都御史臣阿錫鼎〔註420〕。

左副都御史臣劉相〔註421〕。

左副都御史臣董宏毅〔註422〕。

左副都御史臣郝林〔註423〕。

〔註407〕《清代職官年表》部院滿侍郎年表作工部左侍郎常泰。
〔註408〕《清代職官年表》部院滿侍郎年表作工部滿右侍郎滿丕。
〔註409〕《清代職官年表》部院漢侍郎年表作工部漢右侍郎王度昭。
〔註410〕《清代職官年表》滿缺侍郎年表作理藩院左侍郎諾木齊岱。
〔註411〕《清代職官年表》內閣學士年表作內閣學士查弼納。
〔註412〕《清代職官年表》內閣學士年表作內閣學士敦拜。
〔註413〕《清代職官年表》內閣學士年表作內閣學士渣克旦。
〔註414〕《清代職官年表》內閣學士年表作內閣學士星峨泰。
〔註415〕《清代職官年表》內閣學士年表作內閣學士勒什布。
〔註416〕原文作讀學士臣常壽，今改正爲侍讀學士臣常壽。《清代職官年表》內閣學士
　　　　年表作內閣學士長壽。
〔註417〕《清代職官年表》內閣學士年表作內閣學士蔡升元。
〔註418〕《清代職官年表》內閣學士年表作內閣學士王之樞。
〔註419〕《清代職官年表》內閣學士年表作內閣學士彭始摶。
〔註420〕《清代職官年表》部院滿侍郎年表作阿錫鼐。
〔註421〕《清代職官年表》部院滿侍郎年表作劉相。
〔註422〕《清代職官年表》部院漢侍郎年表作董宏毅。
〔註423〕《清代職官年表》部院漢侍郎年表作郝林。

左都御史臣徐元夢〔註424〕。

通政使司通政使臣楊柱〔註425〕。

通政使司通政使臣周道新〔註426〕。

左通政臣陸展。

左通政臣黃舒林。

右通政臣陳雲功。

右參議臣潘金。

大理寺卿臣常泰〔註427〕。

卿臣王懿〔註428〕。

少卿臣魯京原。

詹事府詹事臣王義清〔註429〕。

少詹事臣梅志恒。

吏科掌印給事中臣常岱。

戶科掌印給事中臣鄭昆仕。

禮科掌印給事中臣桑吉納。

掌印給事中臣郭會祖。

兵科掌印給事中臣陸兵。

刑科掌印給事中臣錢義開。

工科掌印給事中臣覺羅烏西吐。

掌印給事中臣詹思祿。

管理河南道監察御史臣巴克山。

管理河南道監察御史臣張世奇。

管理江南道監察御史臣溫達力。

管理浙江道監察御史臣木哈連。

管理浙江道監察御史臣許述永。

管理山西道監察御史臣托爾比。

〔註424〕《清代職官年表》部院大臣年表作徐元夢。
〔註425〕《清代職官年表》京卿年表作楊柱。
〔註426〕《清代職官年表》京卿年表作周道新。
〔註427〕《清代職官年表》京卿年表作常泰。
〔註428〕《清代職官年表》京卿年表作王懿。
〔註429〕《清代職官年表》內閣學士年表作王奕清。

管理山西道監察御史臣黎景地。

管理山東道監察御史臣吳寧奇。

管理山西道監察御史臣徐衛謀。

廣東廣西總督臣趙宏燦〔註430〕。

[108] 吏部尚書富寧安密奏將軍席柱等人在軍中情形摺（康熙五十五年三月二十六日）[1]-2763

奴才富寧安謹奏，為欽遵上諭事。

奴才前奏請安摺子，捧接皇上硃批，朕體安善，氣色較前又好，是次出征將軍提督總兵等何如，著逐一寫明奏聞，今軍務不甚喫緊，諸事應從容辦理勿急，欽此。奴才跪閱之下，伏知聖安，氣色較前又好，奴才不勝喜悅，即〔註431〕如仰瞻皇上金顏，荷蒙隆恩，何敢回避勞怨。蒙皇上垂問時隱匿不據實奏所知之事，將軍席柱領兵出征多次，人才精壯，尚有奮勉之心，但性情急躁，心胸狹窄，諸事忿急，剛愎成性，喜好徒有虛名，因不愛撫屬下官兵，有虧於西安兵丁之心。提督師懿德居官好，不貪財，然傲慢專斷，動輒用怒，剛愎自用，待其屬下官兵甚薄，且時常體罰，雖仍給賞，下屬人等不以為恩而感戴，抱怨者甚多，看得是次用兵，退縮不前，並無功績，師懿德原為天津總兵時補授松江提督之時遵旨應由九卿保奏，奴才我以師懿德人品端正，催辦漕糧甚是奮勉等語保奏，今何敢因係奴才保舉之人而不據實奏聞皇上，為其隱瞞。總兵路振聲人材優長，建有功績，諸事據理而為，鼓勵屬下官兵，誠心愛撫，故官兵俱皆感激，心悅誠服，蘇州〔註432〕地方民人亦稱頌，今在軍營督辦米糧，管束兵丁，節約食用，故其營米甚多，其屬下兵丁馬匹亦肥壯，為帝業竭忠奮勉，非但此等之事，即萬里之外之小事，諒皆在聖明洞鑒之中，將奴才愚知實情，未敢隱瞞，陳奏皇上。

硃批，爾所奏甚是，知道了，此摺朕不令他人看。

[109] 欽差大臣雅木布奏報賞賜西寧官兵蒙古官員情形摺（康熙五十五年閏三月初八日）[1]-2765

奴才雅木布〔註433〕謹奏，恭請聖主萬安。

〔註430〕《清代職官年表》總督年表作兩廣總督趙宏燦。但於奏摺自署名趙弘燦。

〔註431〕原文作既，今改為即。

〔註432〕蘇州為肅州之誤譯，今甘肅省酒泉市。

〔註433〕《欽定八旗通志》卷三百二十四作蒙古正紅旗都統晏布。

　　竊奴才入請訓諭時奉聖主諭旨，爾係欽差大臣，地方大臣等若送盤纏則收之，爾係一窮人，爾有何物，受之賞給兵丁，若不送則已，欽此欽遵。抵達太原後，巡撫蘇克濟贈送奴才盤纏四百兩，西安總督鄂海贈送奴才盤纏六百兩，將此一千兩銀，運至西寧，以聖主萬壽聖誕禮，率西安官兵至塔爾寺，誦經求福，爲閱西寧綠營官兵，賞賜滿洲官兵，採購牛四十頭羊四百隻賞之。青海原王札希巴圖魯之兩福晉，貝勒貝子公台吉等各地喇嘛等親來恭請聖安者亦有，派人來問奴才好者亦有之，奴才謹遵聖主加恩以示和睦之道，以奴才所得盤纏採購緞布茶，加之奴才自家攜來之蟒緞、緞賞給王之兩福晉蟒緞一疋緞三疋，賞給王之子羅布藏丹津緞二疋茶各兩包，給我噶斯兵丁送牛羊之台吉達顏〔註434〕賞蟒緞袍一件緞四疋茶四包，此外凡來請安之貝勒貝子公台吉大喇嘛等，皆賞飲茶酒飯食畢，賞緞各二疋茶各兩包，其隨從人等賞布各兩疋茶各一包，奴才雖貧，但荷沐聖恩，斷不致窘困，爲此謹具奏聞。

　　硃批，知道了。

[110]　湖廣總督額倫特奏請萬安摺（康熙五十五年四月十四日）[1]-2779

　　奴才額倫特謹奏，爲恭請聖安事，奴才謹伏請聖主萬安。

　　湖廣總督奴才額倫特。

　　硃批，朕體安善，氣色今年大好。

**[111]　湖廣總督額倫特奏報署理將軍事務摺（康熙五十五年四月十四日）
　　　　[1]-2780**

　　奴才額倫特謹奏，爲欽遵聖訓事。

　　竊奴才一介菲材，稟性庸愚，才識短淺，荷沐聖主殊恩，由武職不次簡用至總督，頃於太原審案畢，諭以陝西地方緊要，遣奴才署理將軍事務，會同總督鄂海協辦錢糧事務，奴才何人斯，得邀似此隆恩，雖粉身碎骨，亦難仰報於萬一耳，繕摺奏報起程日期時奉聖主硃批訓誨，因思陝西地方甚爲緊要，應留意竭誠奮勉，欽此。聖主仁德齊天，賜萬民以生計，恩惠普被，且晝夜孜孜，勵精圖治，奴才仰承聖上撫育之隆恩，濫膺要職，敢不竭誠圖効犬馬，凡事奴才欽遵聖主訓諭，虔誠効力，爲此謹奏。

　　湖廣總督奴才額倫特。

〔註434〕《蒙古世系》表三十七作達顏，顧實汗圖魯拜琥第六子多爾濟之孫，父薩楚墨爾根台吉。

硃批，將軍席柱、提督師懿德等是次之舉動，並非盡力之臣，朕甚感灰心，因知其不成體統，故被迫派爾前往，西安兵大變，較前西安兵相去甚遠，此皆將軍卑劣，屬下不服所致，爾惟勉之，席柱何如，著據實奏來。

[112] 議政大臣蘇努等奏請派官兵駐特斯河摺（康熙五十五年四月二十五日）[1]-2787

議政大臣固山貝子都統臣蘇努等謹奏，爲請旨事。

竊准都統穆賽、散秩大臣齊里德等疏言，暫遣喀爾喀衆扎薩克兵回各自駐地，牧養馬畜，使之肥壯，於奴才處駐兵一千，特斯河駐兵二千，以使扎薩克等換班行走，特斯河地方甚爲緊要，既於此地長年駐守，則蒙古等懈怠未可逆料，奴才等請派出侍衛婁徵格〔註435〕，右衛鑲黃旗下委協領營總噶哈指設營盤斥堠，與扎薩克等同駐議事。又派出右衛鑲白旗下佐領委參領坡廉，前來効力正白旗下司鞍委參領杜稜額勒加巡察斥堠，將原郎中多爾濟，原主事吞圖授爲理藩院御前領催，派往特斯河地方，巡察烏布薩諾爾地方擴設之斥堠等地方，以探取消息，若探獲信息飛報於奴才等以奏聞聖上。又公博貝〔註436〕既駐邊界地方，且照管新收復之烏梁海，則免與諸扎薩克等輪班換防，統領屬下官兵，防守其駐地等語。又奏文內曰，於去歲五月十九日除奏聞阿濟等哨探增設新滿洲、厄魯特、巴爾虎之侍衛官員外，奴才穆賽前來時奉訓諭，朕派出之幾個新滿洲等亦皆諳練行走者，將伊等派往哨所驅使，派出時若僅派新滿洲、蒙古等，則伊等好睡，著加派我方之人，欽此欽遵，遂以前來効力之原主事色爾齊增駐阿濟哨所，原侍衛胡希里增駐巴爾魯克哨所，努罕、穆罕增駐霍通哨所，原王府長史蘇賀、原俊秀護軍甘朱爾等增駐庫奎哨所。又於去歲奴才齊里德以伊都克地方緊要，會同婁徵額商議增設哨所一處，今看得於伊都克迤外所有烏布薩諾爾地方空曠見遠，地方甚是緊要，將伊都克哨所遷移，於烏布薩諾爾兩側各設一哨所，於該兩處哨所，以新滿洲侍衛珠蘭泰爲統領，派厄魯特六品官畢里克、原坐糧廳德成額、吉林烏拉原雲騎尉安希保、鷹柏唐阿安征駐防等語。

據齊里德疏言，本年三月，謂喀爾喀扎薩克多羅貝勒揣札木三〔註437〕旗下台吉策旺札布日，爾前去哲布尊丹巴呼圖克圖處向來此貿易之俄羅斯探取

〔註435〕《平定準噶爾方略》卷一頁十五作新滿洲侍衛婁徵額。
〔註436〕《平定準噶爾方略》卷九頁七作和托輝特公博貝。
〔註437〕屬喀爾喀賽因諾顏部，《蒙古世系》表三十二作吹札木三，父額琳沁，祖袞布。

消息，言畢遣之，四月初十日台吉策旺札布回報，我前去哲布尊丹巴呼圖克圖地方見由俄羅斯地方前來貿易我原相識名薩哈勒圖之蒙古，探問消息，伊告我曰，據聞駐楚庫、尼布楚兩城迤北諸城俄羅斯等有出兵之消息，據稱策妄喇布坦地方沙土產金，故俄羅斯正在備兵，又聞得土爾扈特阿育錫〔註438〕欲追回其於策妄喇布坦處之萬人，此外別無消息等語。其為此謹具奏聞之疏，於康熙五十五年四月二十二日交付乾清門侍衛喇錫等轉奏。奉旨，著交議政大臣閱覽，欽此欽遵。遣穆賽等所奏台吉策旺札布赴哲布尊丹巴呼圖克圖地方，向前來貿易之俄羅斯打聽得消息，俄羅斯聞知策妄喇布坦地方沙土產金，正在備兵，又有土爾扈特阿育錫欲追回其於策妄喇布坦處之屬人之消息，除此事不議外，臣我等會議，據穆賽、齊里德疏言，暫遣喀爾喀眾扎薩克兵回各自駐地，收養馬畜，使之肥壯，於奴才處駐兵一千人，特斯河駐兵二千，以使扎薩克等換班行走，特斯河地方甚為緊要，既於此地長年駐守，則恐蒙古等懈怠，未可逆料，奴才等請派出侍衛婁徵格，右衛鑲黃旗下委協領營總噶哈指設營盤斥堠，與扎薩克等同駐議事，又派出右衛鑲白旗下佐領委參領坡廉，前來効力正白旗下司鞍委參領杜稜額勒加巡察斥堠，將原郎中多爾濟，原主事吞圖授為理藩院御前領催，派往特斯河地方，巡察烏布薩諾爾地方擴設之斥堠等地方，以探取消息，若探獲信息飛報於奴才等以奏聞聖上。又公博貝既駐邊界地方，且照管新收復之烏梁海，則免與諸扎薩克等輪班換防，統領屬下官兵防守其駐地等語。查得頃據穆賽、齊里德以副都統委前鋒統領博霽已病故，請予補缺等因具奏，命婁徵格委以前鋒統領，前鋒營地方既為緊要，則停止遣婁徵格赴特斯河地方，亦停止遣委營總噶哈前去，特斯河地方駐有喀爾喀兵二千，諭令為首貝勒揣札木三、丹津多爾濟〔註439〕、公車木楚克納木札勒〔註440〕、阿努里、博貝、車布登〔註441〕等於特斯河地方輪班駐防，伊等皆熟諳地方情形，即交付貝勒揣札木三等扎薩克等，凡斥堠堆子，加謹固守，派遣賢能之人不時巡察探取消息，又令右衛委參領坡廉，前往効力之委參領杜稜額〔註442〕巡察斥堠堆子，將多爾濟、吞圖授為理藩院領催，派往烏布薩諾爾地方擴設之哨所等地方，巡察探取消息。又奏曰，阿濟等四

〔註438〕屬土爾扈特部，《平定準噶爾方略》卷二頁三作阿玉奇汗。
〔註439〕《蒙古世系》表二十九作丹津多爾濟，土謝圖汗察琿多爾濟弟西第什哩之子。
〔註440〕屬土謝圖汗部，《蒙古世系》表二十九作車木楚克納木札勒，父德濟布。
〔註441〕屬喀爾喀車臣汗部，《蒙古世系》表三十三作車布登，父噶爾瑪。
〔註442〕此處刪一將字。

哨所，增派前去効力之色爾齊、胡希里、蘇賀、甘珠爾〔註443〕，以及努罕、穆罕等駐防，烏布薩諾爾兩哨所，派侍衛珠蘭泰爲統領，隨派厄魯特六品官畢里克，原坐糧廳德成額，原雲騎尉安希保，鷹柏唐阿安征駐防等語。查得哨探地方探取消息，巡察哨所堆子甚爲緊要，穆賽等既遣侍衛珠蘭泰，厄魯特六品官畢里克駐防烏布薩諾爾則不議外，効力贖罪之胡希里等糊塗，且非行走熟諳之人，亦不知哨探堆子地方情形，雖派伊等之人前去亦無用，既然如此則停止遣杜棱額〔註444〕、色爾齊、胡希里、德成額、蘇賀、甘珠爾、安希保、安征、多爾濟、吞圖以及坡廉、努罕、穆罕往哨探，從差遣後所餘新滿洲、厄魯特侍衛等及喀爾喀台吉官員內派行走熟諳機敏者數人，差往烏布薩諾爾等哨探巡察探取消息，穆賽、齊里德既云停止公博貝與諸扎薩克等輪班駐防，則照穆賽、齊里德所奏停止輪班駐防，留守其駐地，俟命下之日咨行穆賽、齊里德可也，爲此謹奏請旨。

議政大臣貝子都統臣蘇努。

議政大臣領侍衛內大臣公臣額倫岱。

議政大臣領侍衛內大臣公臣阿靈阿。

議政大臣領侍衛內大臣公臣馬爾賽。

大學士臣嵩祝。

議政大臣兵部尚書公臣孫澂灝。

議政大臣都察院左都御史臣揆敍。

硃批，哨堆甚爲緊要，雖材技優長欲効力之人，其効力之處不一樣，因此若非諳練行走熟諳地方者，則不可也，著將此繕文發去。

[113] 吏部尚書富寧安奏請萬安摺（康熙五十五年五月初一日）[1]-2793

奴才富寧安恭請聖主萬安。

硃批，朕安，氣色亦比往年好，爾等辦理軍務，應籌畫在先爲佳，若事到臨頭方欲辦理，恐致勉強。

[114] 陝甘提督師懿德奏報出征澤旺阿喇蒲坦之官兵情形摺（康熙五十五年五月初二日）[2]-2083

提督陝西甘肅等處地方總兵官帶降貳級留任戴罪圖功奴才師懿德謹奏，爲奏明事。

〔註443〕本文檔前文作甘朱爾。
〔註444〕本文檔前文作杜稜額。

奴才一介庸流，荷蒙天恩自幼豢養，不次超擢，以甘肅居三邊之重鎮，為天下提督之首要，蒙主子特簡用，於奴才惟時以覆陳是懼，中夜自儆，然地方營務一切整頓操練，素日仰遵主子教誨，稍盡毫末，自到甘方數月之間，詎料策旺阿喇蒲坦無知蠢動，奉彰天討，奴才叨列統軍之任，正唯効命之時，憾不滅此朝食，而於行軍機宜，乃係初歷，諸凡未諳，前伏聞天語下及，凡事與歷練之人商議行走，奴才毫不敢以平日未經者冒冒從事也，至於喀路尤關緊要，況當草盛彝行之際，復蒙聖謨下旨嚴飭，誠聖明早見於萬里之外也，奴才更加嚴切，查察益勤，無干少緩，兵糧亦無不節省，以期不乏，官兵甚好，水草茂盛，馬皆肥壯，奴才戀主心切，誠恐有塵睿慮，恭繕奏摺，差家人張振齋捧恭進以聞。

康熙伍拾伍年伍月初壹日提督陝西甘肅等處地方總兵官帶降貳級留任戴罪圖功奴才師懿德。

硃批，知道了。

[115] 理藩院奏請承襲喀爾喀札薩克頭等台吉摺（康熙五十五年五月初五日）[1]-2795

理藩院謹奏，為請旨事。

竊准喀爾喀原扎薩克頭等台吉郭畢納木札爾〔註445〕之妻呈文內稱，為承襲我扎薩克衛事，本欲親自前去呈文，因患宿疾未能前往，我長子車凌萬蘇克〔註446〕二十一歲，率兵六百駐於散秩大臣齊里德處，次子根敦〔註447〕十九歲，現署理旗務，除此二子外，別無子嗣，我協理台吉都統等皆隨車凌萬蘇克出征，謹請將此由部轉奏等因前來，查定例載，舉凡襲職，准長子承襲等語，既然如此，則將納木扎爾之扎薩克頭等台吉照例以長子車凌萬蘇克承襲，或候車凌萬蘇克自軍營返回，與其弟根敦一併帶領引見後承襲之處，伏乞上裁，為此謹奏請旨。

左侍郎臣諾木齊岱。

郎中臣達爾瑪。

員外郎臣額葉圖。

硃批，著准車凌萬舒克承襲。

〔註445〕屬土謝圖汗部，《蒙古世系》表三十作納木札勒，父開木楚克。
〔註446〕屬土謝圖汗部，《蒙古世系》表三十作車凌旺舒克，父納木札勒。
〔註447〕屬土謝圖汗部，《蒙古世系》表三十失載。

[116] 理藩院奏請將監察御史順塔撤回摺（康熙五十五年五月十一日）

[1]-2799

理藩院謹奏，為請旨事。

竊准都統穆賽、散秩大臣齊里德來文內稱，部令駐推河地方討信之監察御史順塔隨軍尾取信，如若進兵則命順塔駐險要之地探信報告，今凡有信息均由我處奏報外，順塔並無他信息可奏報，請撤回之等語。查得去歲六月監察御史順塔奏請軍前効力，臣部以大軍皆將至撥魯特口、布林干口週圍，推河既無事務，則命順塔亦前去駐險要之地探信，若進兵則駐哨地週圍之緊要驛站探信，承接軍營所報之事轉報等因奏准施行在案，茲凡事信息由穆賽、齊里德處奏報，順塔另無信息可報，若仍令其駐之反擾及驛站，順塔應撤回，俟來年〔註448〕大軍進兵，再另派官員前往，俟命下之日咨行穆賽、齊里德可也，為此謹奏請旨。

左侍郎臣諾木齊岱。

郎中臣達爾瑪。

員外郎臣額葉圖。

硃批，這議得糊塗，著交付阿靈阿。

[117] 五世班禪請安奏書（康熙五十五年五月十五日）[5]-21

班禪額爾德尼請安奏書。

虔誠謹奏於天人頂飾文珠菩薩皇帝陛下，如今與四洲之天相等宇宙大地內，以殊勝教法和一切有情之善業，尊貴世界之自然文殊菩薩聖主，用二資糧〔註449〕聚集之加持，所創永生之寶身，猶如十萬白光圍繞須彌山般，不可顛倒之金龍高座，顯現威嚴之福力，賜予九欲之利樂，其功德無量，在雪域所存釋迦牟尼教法講授眞諦之格隆我，也同僧衆一起願聖上心想事成，站穩腳跟而不敢放鬆勤奮誦經，如今派遣問安使臣格力格鍾海〔註450〕，並奏請向教法、有情、文殊菩薩大宗喀巴喇嘛眞諦以及我等衆僧賜予永不拋棄之博大精深、慈悲而不絕恒河水般諭旨，隨奏敬呈釋迦牟尼舍利三顆、智慧無量壽佛、有臺並具有盛大加持之扎什倫布長壽佛、妙味紫紅香二十五束、珊瑚素珠、琥珀素珠、上等紫紅氆氌十五疋，上等白氆氌二十五疋，於吉日自扎什倫布大寺院奏。

〔註448〕此處補年字。

〔註449〕原文作資量，今改為資糧。

〔註450〕第七號文檔作格勒克仲內。

[118] 肅州總兵路振聲奏請聖安並進區掛麵摺（康熙五十五年五月十九日）[2]-2110

陝西肅州總兵官奴才路振聲謹奏，為跪請主子萬安兼謝天恩。

奴才進摺家人張九如於伍月拾陸日到營，捧齎御筆硃批旨意，朕安，每聞往來人說卿營伍中事無不感念，皆云皇上用人甚當，朕甚寬慰，故有好旨，已經傳了，欽此。奴才跪捧開讀，驚喜交併，感激涕零，竊念奴才部伍常人，蒙主子拔置總兵，愛兵恤伍，係職分之所當然，況茲用兵之際，奴才出塞年餘，虛糜兵食，方切恐惶，蒙皇恩賞戴翎子，入預議政，今又特沛硃旨，格外優隆，奴才祇承之下，顫慄悚懼，揣分懷慚，所藉草盛馬肥，官兵忠義，惟有勤加諭勉，益勵丹私，以俟進征圖報耳，除望闕叩首謝恩外，謹遣家人張九如代奴才恭謝聖安並進肅州區掛麵四箱，稍展葵忱，伏乞聖慈垂鑒，奴才遙望神京，無任仰瞻依戀之至，謹具奏摺以聞。

康熙伍拾伍年伍月拾玖日陝西肅州總兵官奴才路振聲。

硃批，朕安，奏謝恩知道了。

[119] 欽差大臣雅木布奏請萬安摺（康熙五十五年五月二十一日）[1]-2806

奴才雅木布跪請聖主萬安。

硃批，朕安，爾所奏諸事詳盡，無可指摘，爾隨朕行圍多，稔知朕之行圍打獵矣，用兵如同行圍，若不事先籌畫難得獵物，圍獵無知之獸，如若失算，尚且落空，何況奸賊乎，惟勉之，原將軍席柱情形何如，又眾章京兵丁何如，可信而用之耶，此等情形，爾當甚密，著親手寫來奏聞，朕辦理時容易。

[120] 兩江總督赫壽奏請捐銀採買馬匹摺（康熙五十五年六月初十日）[1]-2819

奴才赫壽謹奏，為捐助軍務，以盡奴才微意事。

竊准兵部咨稱，議政大臣等遵旨議得，荊州江寧杭州等地駐兵之地若添養八千馬匹，有用處時將大有裨益，將此圈養之馬匹停止解送，欲每馬給銀八兩採買等因奏入，奉旨，著將此議咨文曉諭將軍總督巡撫提督總兵官等，我處所議如此，若添養此馬駝，則有益或無益之處，著伊等議奏，欽此欽遵。奴才會同將軍副都統等議奏外，欽惟皇帝功德無量，恩威普宣，太平而防亂，安堵而防範，命於江寧等七處圈養馬匹備用，可謂睿慮周詳，無所不到，奴才仰承聖主高厚之恩，愧無寸報，是以於去歲奏請捐銀萬兩，以資軍需，聖主以民生為念，諭奴才買米二萬石貯倉，有益於民，欽此欽遵，奴才遂即買米二萬石交付地方貯存，竊思奴才仰承聖恩深重，雖竭盡犬馬之力實難報答於萬一，今適遇此項江南圈養一千馬匹，照議政大臣等定價，奴才情願捐助自銀八千兩，以交付將軍副都統採買馬匹，伏乞聖主恩准施行，以紓奴才微誠，為此謹奏請旨。

硃批，知道了。

[121] 吏部尚書富寧安奏請萬安摺（康熙五十五年六月十四日）[1]-2821

奴才富寧安謹跪請聖主萬安。

硃批，朕安，爾可好，曾聞爾身體不甚好，今想是痊癒耳。

[122] 欽差大臣雅木布奏報席柱等人在軍營之情形摺（康熙五十五年六月二十四日）[1]-2824

奴才雅木布謹奏，為遵旨奏聞事。

竊臣訪查得原將軍席柱辦事寡斷，行事刻薄，召集大臣官員商議而不聽勸諫，米至不即行分發，為此眾跟役於正月初三日齊集欲殺席柱，起意搶劫，幸被侍衛等察覺，以現即發放糧米，若爾等肆意妄動，爾等之主將被處死等語，令伊等散去，隨即發放糧米，在西安攢甲時為使世襲官員等留駐西安，貪取銀兩，席柱之家奴雲爾依仗權勢，敲詐勒索，席柱亦因此受牽，失去官兵之心。副都統噶勒爾弼〔註451〕、楊昌泰〔註452〕為人和平，有效力之心。青年章京等奮勉效力，年長平常不濟勉強從事者亦有之，兵丁尚好可用，因率兵訓練有方之章京為數甚少，竟不知牧馬看守及兵法，僅以奴才所知，謹奏以聞。

硃批，見爾所奏之文，心中豁然明朗，前雖有傳聞，但居間常想，嗣後若有見聞，仍著奏聞。

[123] 議政大臣蘇努等奏請開墾種地儲糧摺（康熙五十五年六月二十五日）[1]-2825

議政大臣固山貝子都統臣蘇努等謹奏，為欽遵上諭事。

〔註451〕《欽定八旗通志》卷三百三十一作西安副都統噶爾弼。
〔註452〕原文作楊冒泰，今改正為楊昌泰。《欽定八旗通志》卷三百三十一作西安副都統楊長泰。

　　竊准尚書富寧安疏言，奴才謹遵諭旨，將布隆吉爾、達里圖、西吉木等三處開墾耕種地畝數目，禾苗生長秀穗情形另摺奏聞外，欽惟皇上諭曰，堅持耕種甚爲緊要，耕種有收，有利於百事，降旨甚是，征討策妄喇布坦，雖滅之，招撫之，但甘凉肅界地狹窄，與蒙古接壤，係通往西路之大道，預先儲糧殊屬緊要，奴才詳細查問得現除布隆吉爾、達里圖、西吉木等三處墾種田畝外，自嘉峪關至達里圖可開墾耕種之地甚多等語，又云肅州以北口外金塔寺地方亦可耕種等語。口外土沃，現墾耕田禾已生長秀穗，觀之豐收有望，奴才欲於八月前去口外，除現已開墾播種之地畝外，又詳細查勘尚能開墾擴種之地，丈量數目，會同巡撫綽奇及地方官員，除本年所用農具耕牛外，再補充其不足，招民撥給耕牛籽粒農具等物，於來年派往墾種，或令甘肅陝西文武大臣及地方大員捐助，自力耕種，不論官民若有情願自力耕種者，亦可派往，各自耕種則有利成事，且糧亦可多收，糧食豐收，修葺在達里圖、西吉木等地方原有土建鋪子以儲糧，又令民人居住，簡選賢能文官管束，則於口邊事務大有裨益，且進而可編爲衛所，本欲當即上奏此事，然地方廣闊，奴才懦弱，閱世淺薄，未敢上奏，故奏請皇上訓旨，伏乞聖上訓導，爲此謹奏等因，於康熙五十五年六月二十三日交付乾清門三等侍衛喇錫轉奏。奉旨，著交議政大臣等議奏，欽此欽遵。

　　臣等會議得，據尚書富寧安疏言，今征討策妄喇布坦，雖滅之，招撫之，但甘凉肅界地狹窄，與蒙古接壤，係通往西路之大道，預先儲糧殊屬緊要，據查問得現除布隆吉爾、達里圖、西吉木等三處墾種田畝外，自嘉峪關至達里圖可開墾耕種之地甚多，肅州以北口外金塔寺地方亦可耕等語，奴才欲於八月前去口外，除現已開墾播種之地外又詳細查勘尚能開墾擴種之地，丈量數目，除本年所用農具耕牛外，再補充其不足，招民來年擴大開墾耕種，或令甘肅陝西文武大臣及地方大員捐助，自力耕種，不論官民若有情願自力耕種者，亦可派往耕種，則糧可多收，糧食豐收，修葺在達里圖、西吉木等地方原有土建鋪子以儲糧，又令民人居住，簡選賢能文官管束，則於口邊事務大有裨益，且進而可編爲衛所等語。查得甘肅地方乃邊界重地，儲備糧米大有裨益，今據尚書富寧安疏言，予布隆吉爾、達里圖、西吉木、金塔寺等地方開墾擴種，修葺原有土建鋪子以儲糧，又令民人居住，則於口邊事務大有裨益，且進而可編爲衛所等語，所奏甚是，請照富寧安所奏施行，至八月糧食收獲之後，富寧安親率地方大員等赴能耕種之布隆吉爾、達里圖、西吉木、金塔寺等地方詳加查勘，查勘可耕田畝數畢，來年如何招民，撥給耕牛籽粒擴大耕種，令修葺何處舊鋪儲糧，並准民人居住等事，均著一併詳議具奏，又若糧食豐收，民人逐漸集居，則可編衛所，尚書富寧安會同總督鄂海、巡撫綽奇等視民齊集，如何編衛所，設官管束之處，俱著詳議具奏可也，為此謹奏請旨。

　　議政大臣固山貝子都統臣蘇努。

　　議政大臣領侍衛內大臣侯臣巴渾德。

　　議政大臣領侍衛內大臣公臣鄂倫岱。

　　議政大臣領侍衛內大臣公臣馬爾賽。

　　大學士臣馬齊〔註453〕。

　　議政大臣都統兼前鋒統領臣朗圖〔註454〕。

　　議政大臣工部尚書臣孫渣齊。

　　議政大臣都察院左都御史臣奎諸〔註455〕。

　　兵部右侍郎臣查弼納〔註456〕。

　　硃批，將此事發往京城，著議政大臣九卿詹事科道會同詳議具奏。

[124] 西寧總兵王以謙奏謝睿安摺（康熙五十五年七月十三日）[2]-2184

　　奴才王以謙跪請聖主睿安。

　　康熙伍拾伍年柒月拾叁日。

　　硃批，朕安，近日苔賴喇嘛在口內，口外蒙古叩頭進來的不少，爾須夙夜小心，時刻留意。

[125] 甘肅巡撫綽奇奏進肅州金塔寺所產哈密瓜摺（康熙五十五年七月十六日）[1]-2838

　　奴才綽奇跪奏。

　　竊照例往運哈密瓜外，肅州金塔寺地方亦有試種哈密瓜者，其甜味雖不及哈密地方所種之瓜，但係口內所種，且比哈密地方早熟，故奴才備辦四馱，伏跪以進，為此謹奏。

　　硃批，知道了。

〔註453〕《清代職官年表》大學士年表作武英殿滿大學士馬齊。
〔註454〕《欽定八旗通志》卷三百十八作右翼前鋒統領郎圖，《欽定八旗通志》卷三百二十四作蒙古正黃旗都統郎圖。
〔註455〕《清代職官年表》部院大臣年表作揆敘。
〔註456〕《清代職官年表》部院滿侍郎年表作兵部滿右侍郎查弼納。

[126] 議政大臣蘇努等奏報麥子等生長情形摺（康熙五十五年七月十六日）[1]-2840

議政大臣固山貝子都統臣蘇努等謹奏，爲欽遵上諭事。

竊准尙書富寧安奏言，奴才前以於布隆吉爾、達里圖、西吉木三地方所種麥子青稞已生長二尺餘，俱皆秀穗，將要成熟者亦有，黍子生長有一尺五寸餘等因奏聞，今三地方所種麥子青稞皆生長二尺四五寸餘不等，俱已秀實，即將成熟，黍子生長約二尺不等，亦皆秀穗，是以奴才取麥子青稞黍子穗奏上御覽等語，於康熙五十五年七月十四日交付乾淸門三等侍衛喇錫轉奏。奉旨，著交付議政大臣，欽此欽遵。

查得尙書富寧安頃以於西喇郭爾地方修建倉廩，以儲存所收穫糧石及農具等物，即交付屯田官員管理，酌情派就近官兵守護等因具奏，會議施行在案。今尙書富寧安奏報仰賴皇上之福，所種田禾皆生長秀實，即將成熟，並將麥子青稞黍子穗奏上御覽，既然收穫後奏聞所獲糧石總數，（則此事毋庸議），爲此謹奏請旨等因，於康熙五十五年七月十六日交付乾淸門三等侍衛喇錫轉奏。奉旨，依議，欽此。

議政大臣固山貝子都統臣蘇努。

議政大臣領侍衛內大臣侯臣巴渾德。

議政大臣領侍衛內大臣公臣鄂倫岱。

議政大臣領侍衛內大臣公臣馬爾賽。

大學士臣馬齊。

議政大臣都統兼前鋒統領臣郎圖。

議政大臣工部尙書臣孫渣齊。

議政大臣都察院左都御史臣奎煦〔註457〕。

兵部右侍郎臣查弼納。

[127] 理藩院奏請班禪額爾德尼等之使者返回賞給驛車摺（康熙五十五年七月二十五日）[1]-2848

理藩院謹奏，爲請旨事。

竊准班禪額爾德尼之使者格勒克鍾訥〔註458〕、達賴喇嘛之使者堪木布桑

〔註457〕《清代職官年表》部院大臣年表作揆敍。
〔註458〕第七號文檔作格勒克仲內。

魯布、拉藏汗之使者希達爾台吉達希車凌〔註459〕等報稱，我等於八月初五日起程，我等前來時除我等乘騎馬六十四匹外攜來行李七十五件，今蒙皇上恩賞，加之我等所購攜帶之物甚多，返回時除我等所乘所駄馬匹外，每隊補給車各五輛，方可敷用，謹請恩准賞賚〔註460〕等語。查得康熙五十三年給班禪額爾德尼之使者堪布羅布藏車累〔註461〕下徒弟等車六輛，達賴喇嘛之使者囊蘇策妄喇布坦，拉藏汗之使者寨桑呼拉齊合給車八輛在案，今班禪額爾德尼等之使者等既云八月初五日起程，則准於八月初五日起程，又請求補賞驛車，則仍照先前使者賞給車輛之例，是否給班禪額爾德尼之使者驛車六輛，達賴喇嘛、拉藏汗使者合賞驛車八輛，謹奏請旨。

左侍郎臣諾木齊岱。

員外郎臣馬爾干。

主事臣巴爾賽。

硃批，著賞給車輛。

[128] 山西巡撫蘇克濟奏自力租車運送兵糧摺（康熙五十五年七月二十八日）[1]-2849

山西巡撫奴才蘇克濟謹奏，爲奏聞事。

奴才看得，接部咨文內開，奉旨將大有倉米二萬石交付巡撫蘇克濟，巧妙運至湖灘河朔可也等語。奴才一介庸愚，荷蒙主子惠愛特擢，昇以巡撫重任，受任以來於主子高厚隆恩愧無寸効，運送此二萬石米穀，既然所需租銀無多，奴才情願効力，自力租車運抵湖灘河朔，業經將租銀交付霍州知州欒廷芳〔註462〕，隰州知州馮景郁租車，俟運畢時另行奏報，奴才謹具摺恭奏以聞。

奴才蘇克濟親書。

硃批，甚佳，知道了。

〔註459〕原文作希達爾、台吉達希車凌，今改爲希達爾台吉達希車凌。
〔註460〕原文作賞賁，今改正爲賞賚。
〔註461〕第三十一號文檔作班禪額爾德尼使臣堪布羅布藏策累，爲康熙五十三年遣使入京者。
〔註462〕《山西通志》卷八十一頁四十八載，霍州知州欒廷芳，正藍旗人，貢生，康熙五十年任。